Labirintos aos Montes!

David E. McAdams

Copyright 2025 David E. McAdams. Todos os direitos reservados. Nenhuma parte deste livro pode ser copiada, armazenada ou transmitida por qualquer meio sem o consentimento expresso e por escrito do detentor dos direitos autorais.

Tabla de contenido

Como Resolver um Labirinto: Um Guia Prático...1
   1. Regra de Seguir a Parede (Regra da Mão Direita ou da Mão Esquerda)............1
   2. Observe à Frente e Planeje..1
   3. Comece pela Saída...1
   4. Use o Lápis de Leve (para Labirintos em Papel)...2
   5. Deixe "Migalhas de Pão" (Labirintos Físicos)..2
   6. Preenchimento de Becos Sem Saída (Abordagem Algorítmica).........................2
   7. Faça um Mapa (para Labirintos Complexos)..3
   Dicas Extras..3
9×12 Labirintos Quadrados Fáceis...4
12×15 Labirintos Quadrados Fáceis...9
12×15 Labirintos Quadrados Médios..14
20×24 Labirintos Quadrados Médios..19
20×24 Labirintos Quadrados Difíceis..24
30×37 Labirintos Quadrados Difíceis..29
9×12 Labirintos Triangulares Fáceis...34
12×15 Labirintos Triangulares Fáceis...39
12×15 Labirintos Triangulares Médios..44
20×24 Labirintos Triangulares Médios..49
20×24 Labirintos Triangulares Difíceis..54
30×37 Labirintos Triangulares Difíceis..59
12×19 Labirintos Hexagonais Fáceis..64
15×23 Labirintos Hexagonais Fáceis..69
15×23 Labirintos Hexagonais Médios...74
24×39 Labirintos Hexagonais Médios...79
24×39 Labirintos Hexagonais Difíceis...84
37×59 Labirintos Hexagonais Difíceis...89
9×12 Labirintos em Losango Fáceis...94
12×15 Labirintos em Losango Fáceis...99
12×15 Labirintos em Losango Médios..104
20×24 Labirintos em Losango Médios..109
20×24 Labirintos em Losango Difíceis..114
30×37 Labirintos em Losango Difíceis..119
9×12 Labirintos de Quadrado Truncado Fáceis...124
12×15 Labirintos de Quadrado Truncado Fáceis...129
12×15 Labirintos de Quadrado Truncado Médios..134
20×24 Labirintos de Quadrado Truncado Médios..139
20×24 Labirintos de Quadrado Truncado Difíceis..144
30×37 Labirintos de Quadrado Truncado Difíceis..149

9×12 Labirintos de Quadrado Truncado 2 Fáceis..154
9×12 Labirintos do Tipo Cairo Fáceis...159
12×15 Labirintos do Tipo Cairo Fáceis...164
13×16 Labirintos do Tipo Cairo Fáceis...169
13×15 Labirintos do Tipo Cairo Médios...174
20×24 Labirintos do Tipo Cairo Médios...179
20×24 Labirintos do Tipo Cairo Difíceis...184
30×37 Labirintos do Tipo Cairo Difíceis...189
20×20 Labirintos Circulares Difíceis...194
25×25 Labirintos Circulares Difíceis...199
30×30 Labirintos Circulares Difíceis...204
35×35 Labirintos Circulares Difíceis...209
9×12 Labirintos de Quadrado-Triângulo Fáceis..215
12×15 Labirintos de Quadrado-Triângulo Fáceis..220
12×15 Labirintos de Quadrado-Triângulo Médios..225
20×24 Labirintos de Quadrado-Triângulo Médios..230
20×24 Labirintos de Quadrado-Triângulo Difíceis...235
30×37 Labirintos de Quadrado-Triângulo Difíceis...240
Soluções...245

Como Resolver um Labirinto: Um Guia Prático

Labirintos são quebra-cabeças feitos de caminhos e becos sem saída. Seja em papel, em um labirinto de cerca viva ou em um labirinto digital, o objetivo é o mesmo: encontrar o caminho da entrada até a saída. Aqui estão várias estratégias eficientes que você pode usar:

1. Regra de Seguir a Parede (Regra da Mão Direita ou da Mão Esquerda)

Como funciona:

- Coloque uma das mãos (direita ou esquerda) em uma parede na entrada.
- Mantenha essa mão encostada na parede enquanto anda.
- Siga a parede continuamente, virando sempre que a parede virar.

Quando usar:

- Funciona melhor em labirintos "simplesmente conectados" (sem partes isoladas).
- Pode falhar em labirintos com "ilhas" ou paredes soltas (seções que não se ligam às paredes externas).

Prós: Fácil de seguir; não exige memória nem mapa.

Contras: Pode demorar bastante se o caminho certo estiver longe da parede externa.

2. Observe à Frente e Planeje

Como funciona:

- Antes de andar, olhe adiante para ver possíveis becos sem saída ou caminhos mais curtos.
- Use pistas visuais para perceber quais caminhos voltam para o mesmo lugar e quais parecem avançar.

Quando usar:

- Útil em labirintos em papel ou em labirintos onde você consegue ver bem à frente.

Prós: Pode evitar voltar atrás e deixar o progresso mais rápido.

Contras: Exige observação cuidadosa e, às vezes, tentativa e erro.

3. Comece pela Saída

Como funciona:

- Comece na saída e trace o caminho de volta até o início.

- Isso pode tornar mais fácil identificar o caminho correto.

Quando usar:
- Só é possível quando você consegue ver o labirinto inteiro.

Prós: Às vezes, o lado da saída tem menos opções, o que facilita encontrar o caminho.

Contras: Nem sempre é permitido ou visível em labirintos físicos.

4. Use o Lápis de Leve (para Labirintos em Papel)

Como funciona:
- Trace seu caminho bem de leve com lápis para poder apagar os erros.
- Marque os becos sem saída para não voltar a eles.

Quando usar:
- Ótimo para labirintos impressos ou desenhados.

Prós: Ajuda a controlar os caminhos já testados.

Contras: Exige paciência e foco.

5. Deixe "Migalhas de Pão" (Labirintos Físicos)

Como funciona:
- Deixe um pequeno marcador (como uma moeda ou pedrinha) nas encruzilhadas.
- Marque os caminhos que você já tentou para evitar andar em círculos.

Quando usar:
- Em experiências reais de labirinto, como labirintos de milho ou salas de escape.

Prós: Ajuda a não repetir os mesmos erros.

Contras: Nem sempre é permitido ou possível.

6. Preenchimento de Becos Sem Saída (Abordagem Algorítmica)

Como funciona:
- Identifique e marque todos os becos sem saída.
- Vá voltando e eliminando os caminhos que não levam a lugar nenhum.

Quando usar:

- Em labirintos em papel ou digitais, quando você consegue ver o desenho inteiro.

Prós: Garante que você isole o caminho correto.

Contras: Pode ser demorado em labirintos grandes.

7. Faça um Mapa (para Labirintos Complexos)

Como funciona:
- Desenhe um mapa dos caminhos que você já explorou.
- Marque bifurcações, voltas e encruzilhadas.

Quando usar:
- Em labirintos complexos com muitos loops ou quando você vai resolvê-los em mais de uma sessão.

Prós: Cria um registro do que já foi explorado; é muito eficiente.

Contras: Exige tempo e esforço.

Dicas Extras

- Mantenha a calma: ficar "perdido" faz parte da experiência.
- Use pontos de referência: em labirintos reais, observe detalhes únicos do lugar.
- Acompanhe suas escolhas: anote mentalmente (ou em papel) se você virou à esquerda ou à direita.
- Saiba qual é o objetivo: o alvo é chegar ao centro, à saída ou encontrar um objeto escondido?

9×12 Labirintos Quadrados Fáceis

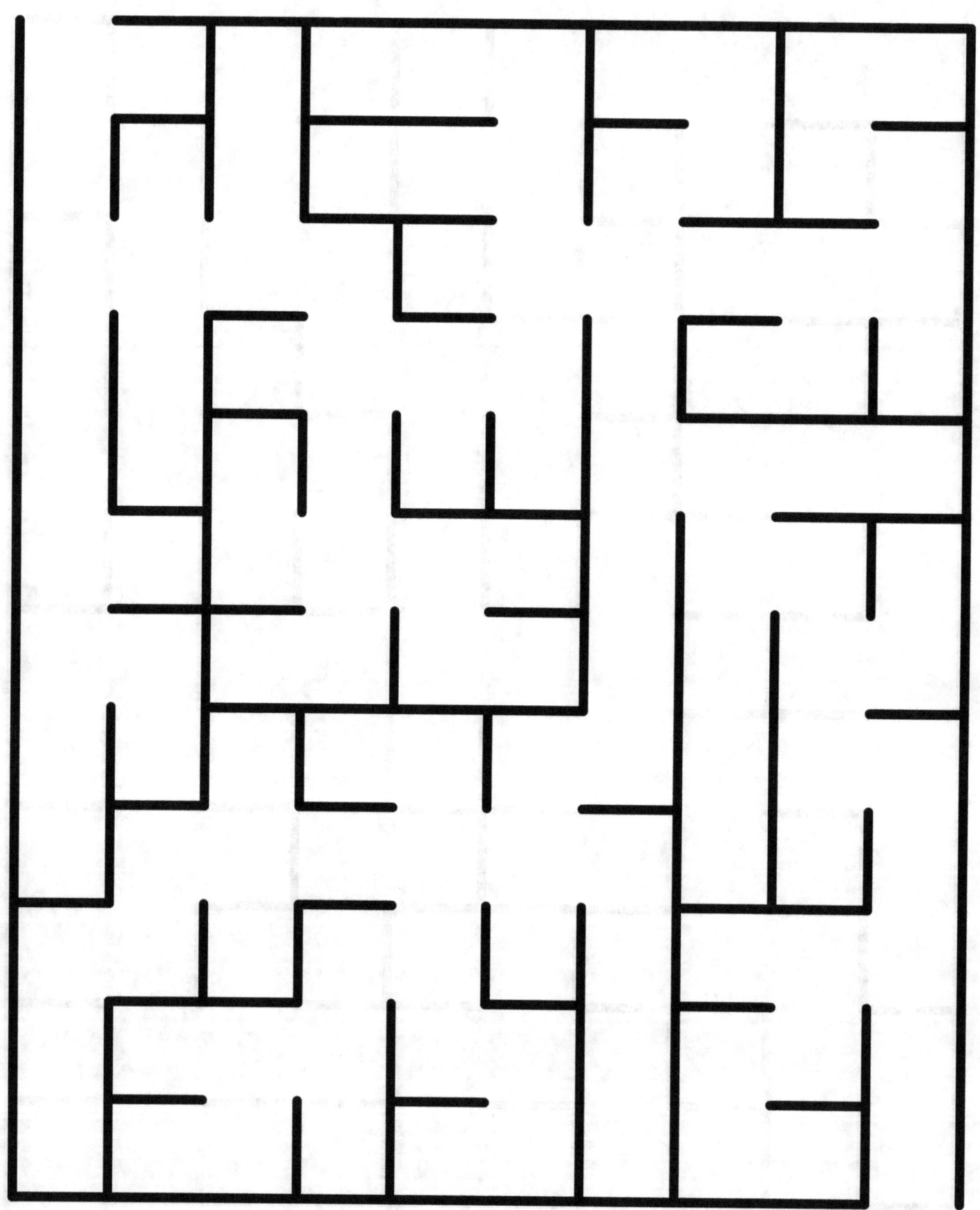

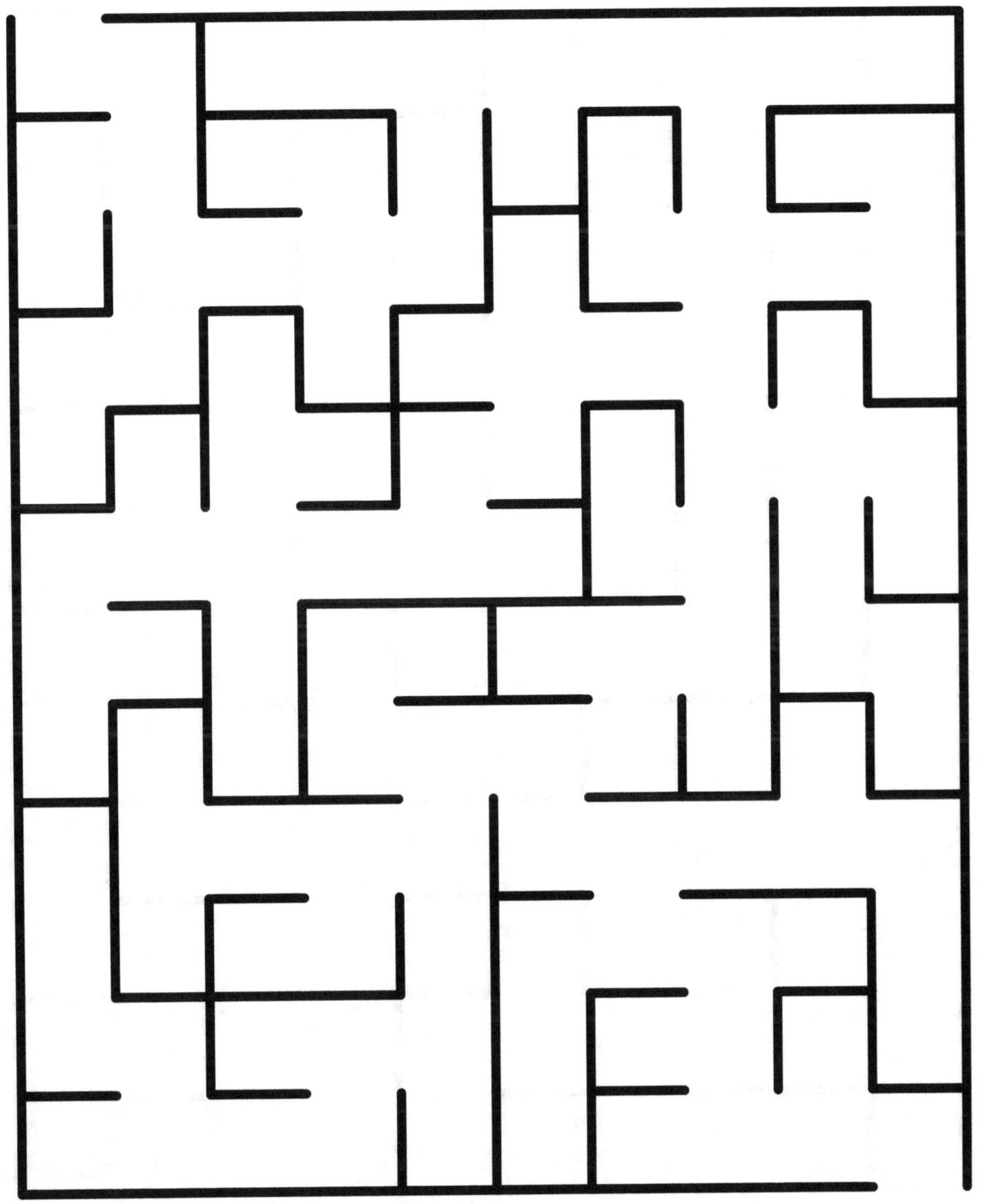

Labirintos aos Montes!

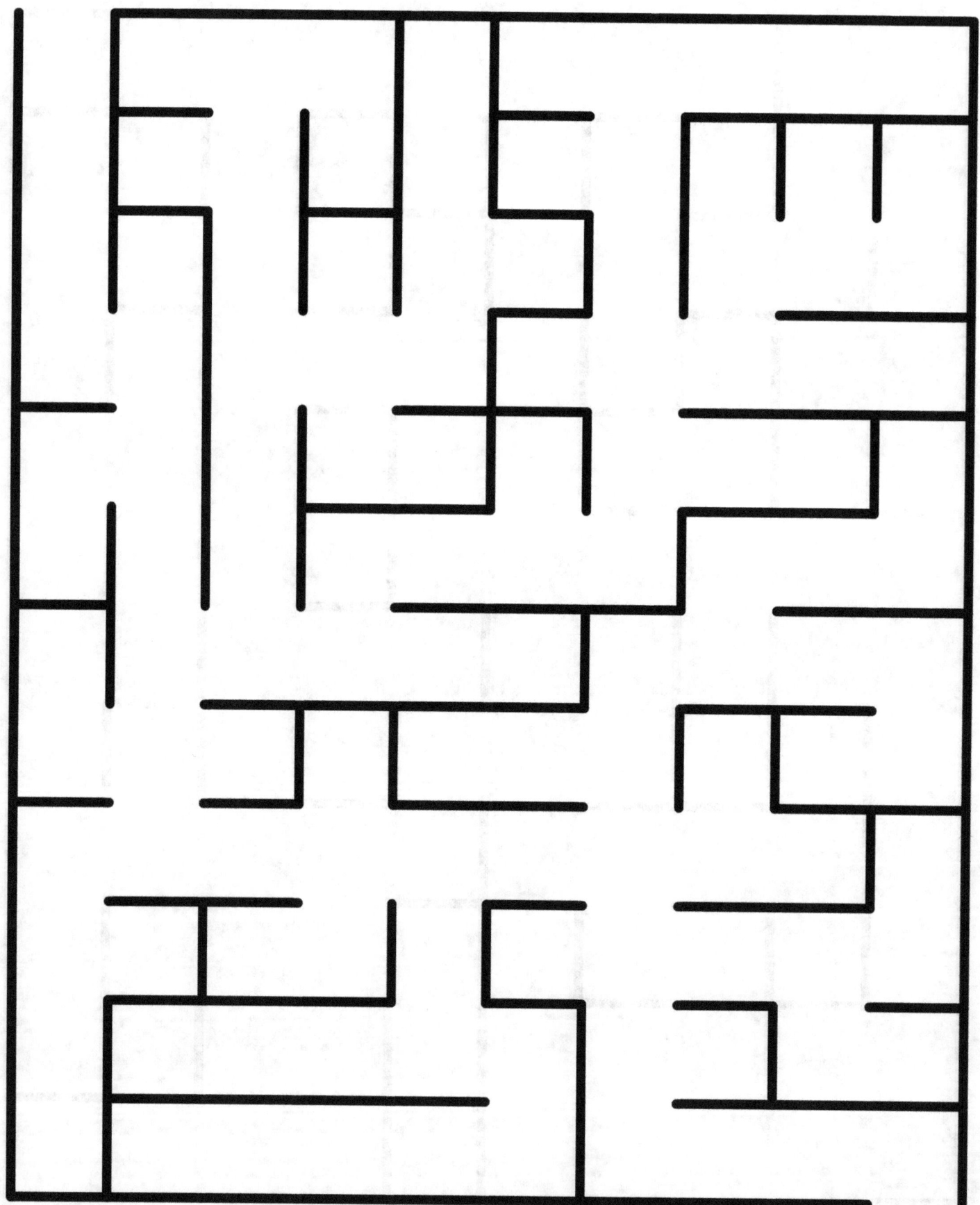

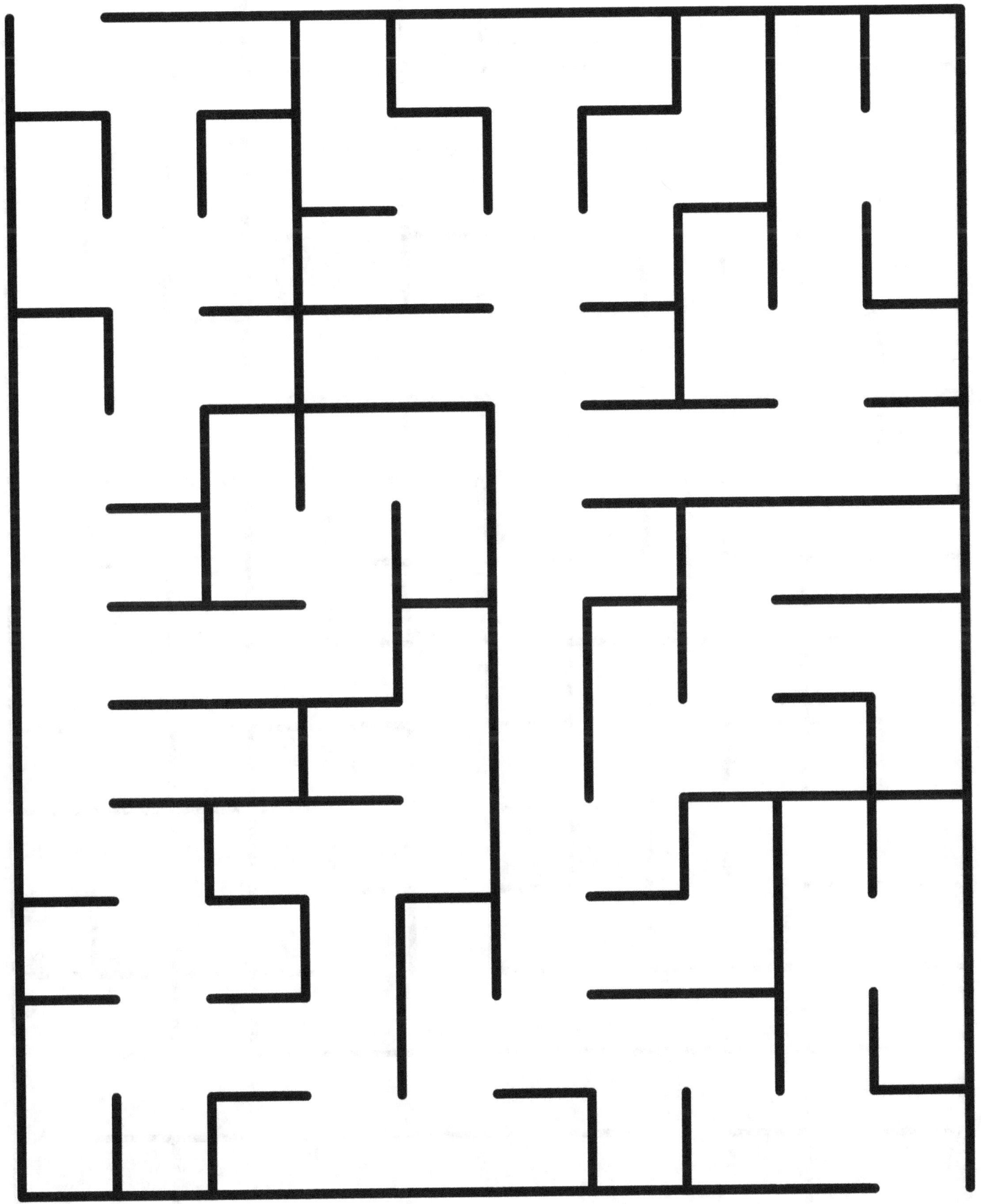

12×15 Labirintos Quadrados Fáceis

Labirintos aos Montes!

12×15 Labirintos Quadrados Médios

20×24 Labirintos Quadrados Médios

20×24 Labirintos Quadrados Difíceis

30×37 Labirintos Quadrados Difíceis

9×12 Labirintos Triangulares Fáceis

12×15 Labirintos Triangulares Fáceis

Labirintos aos Montes!

12×15 Labirintos Triangulares Médios

20×24 Labirintos Triangulares Médios

20×24 Labirintos Triangulares Difíceis

30×37 Labirintos Triangulares Difíceis

12×19 Labirintos Hexagonais Fáceis

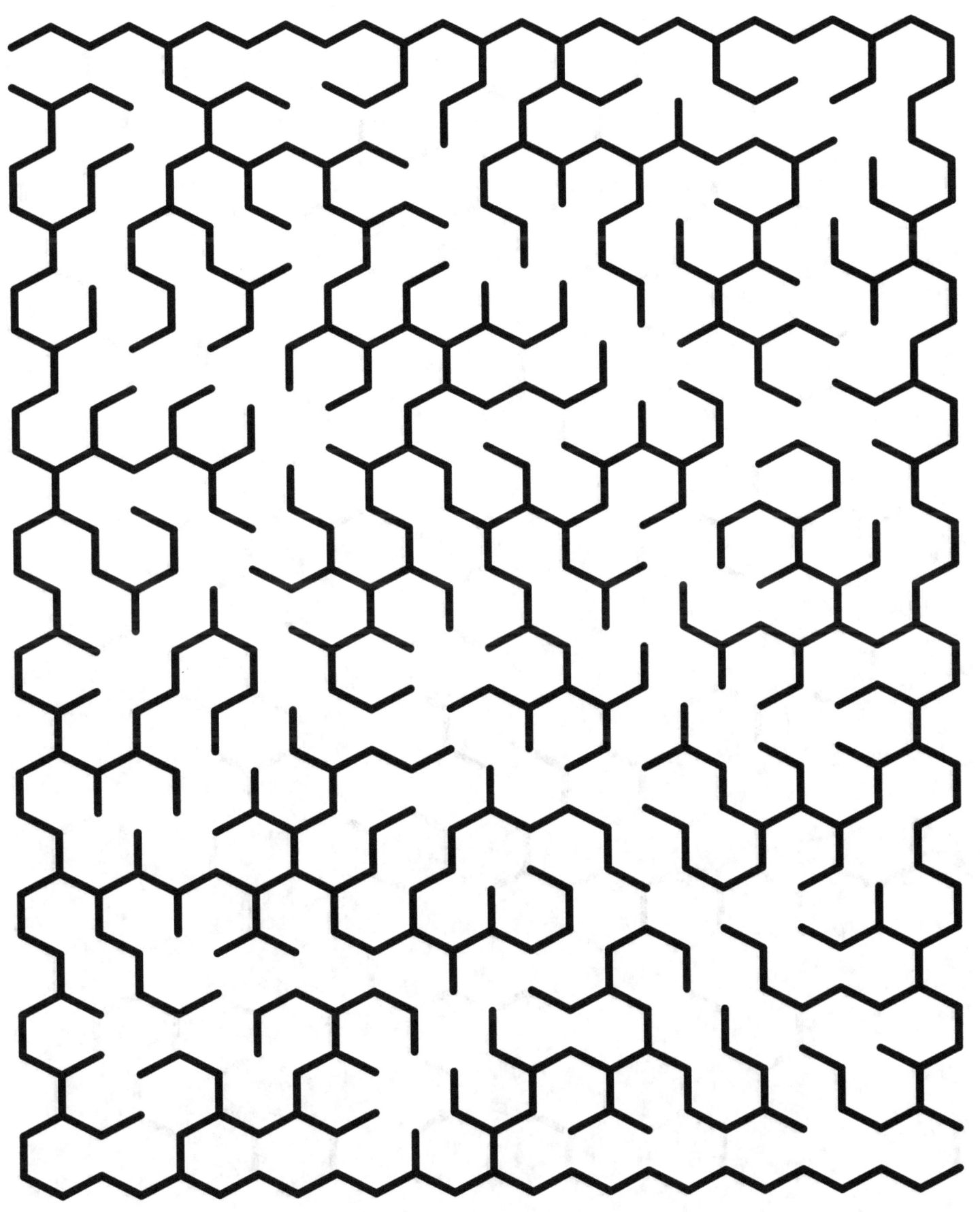

15×23 Labirintos Hexagonais Fáceis

15×23 Labirintos Hexagonais Médios

24×39 Labirintos Hexagonais Médios

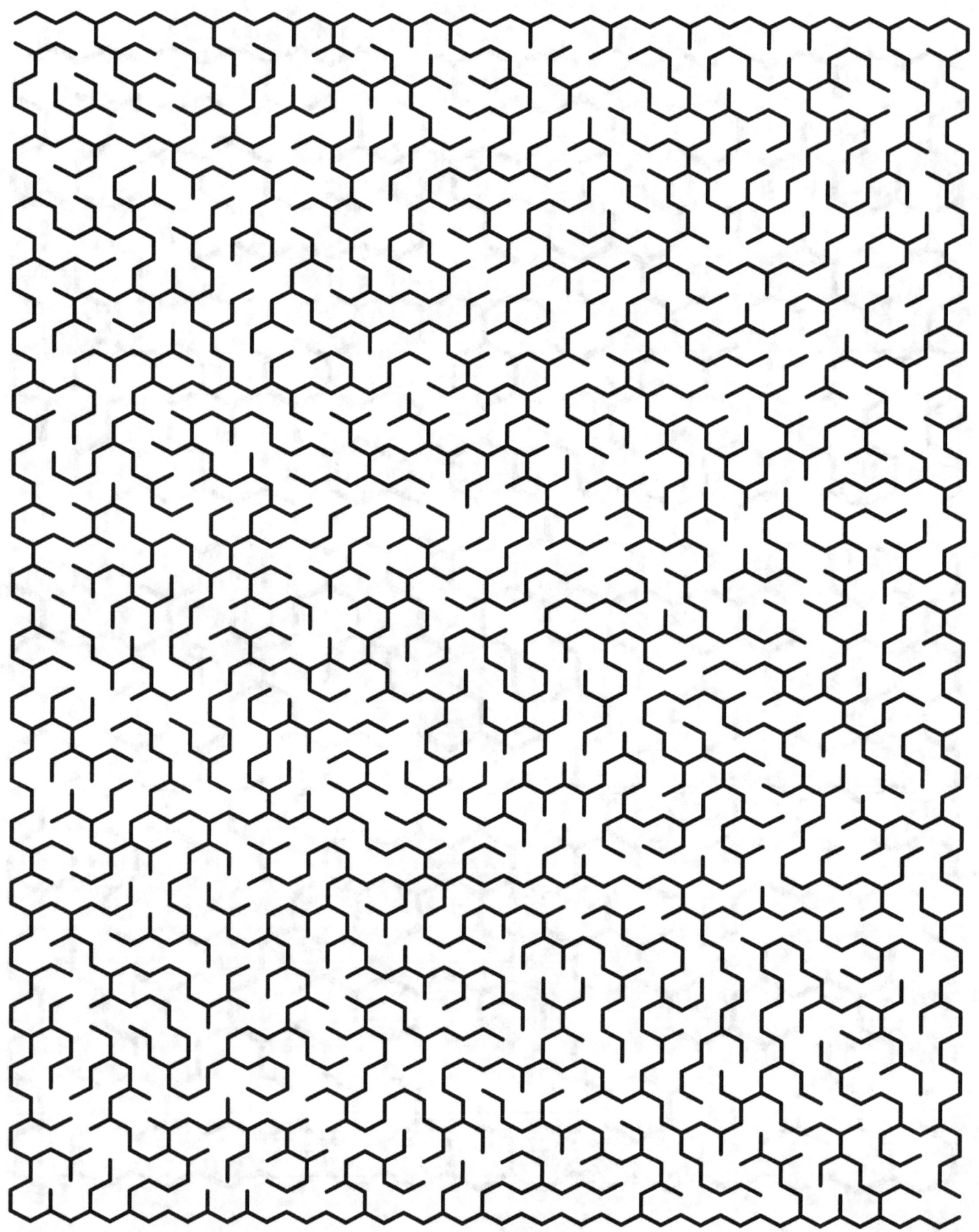

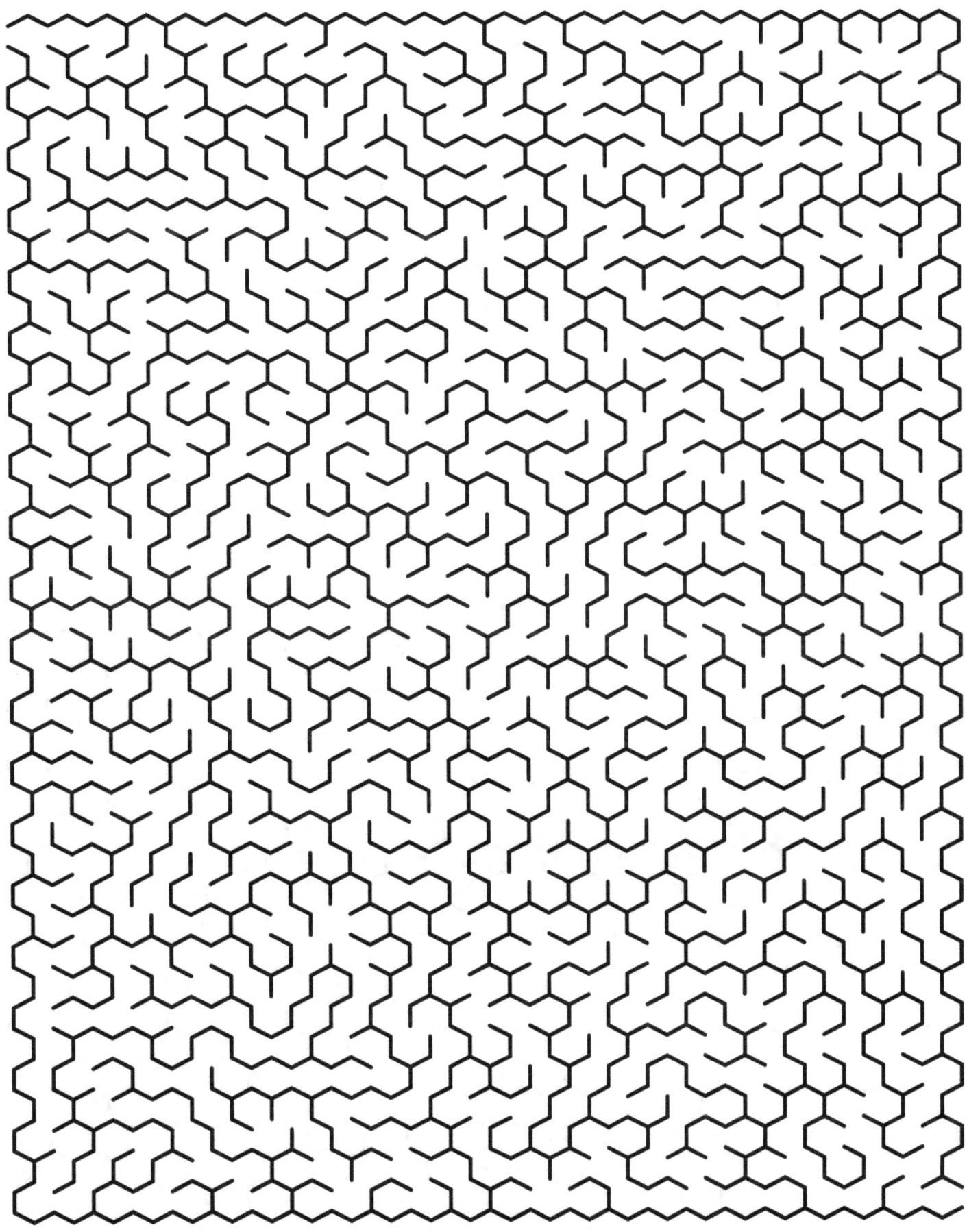

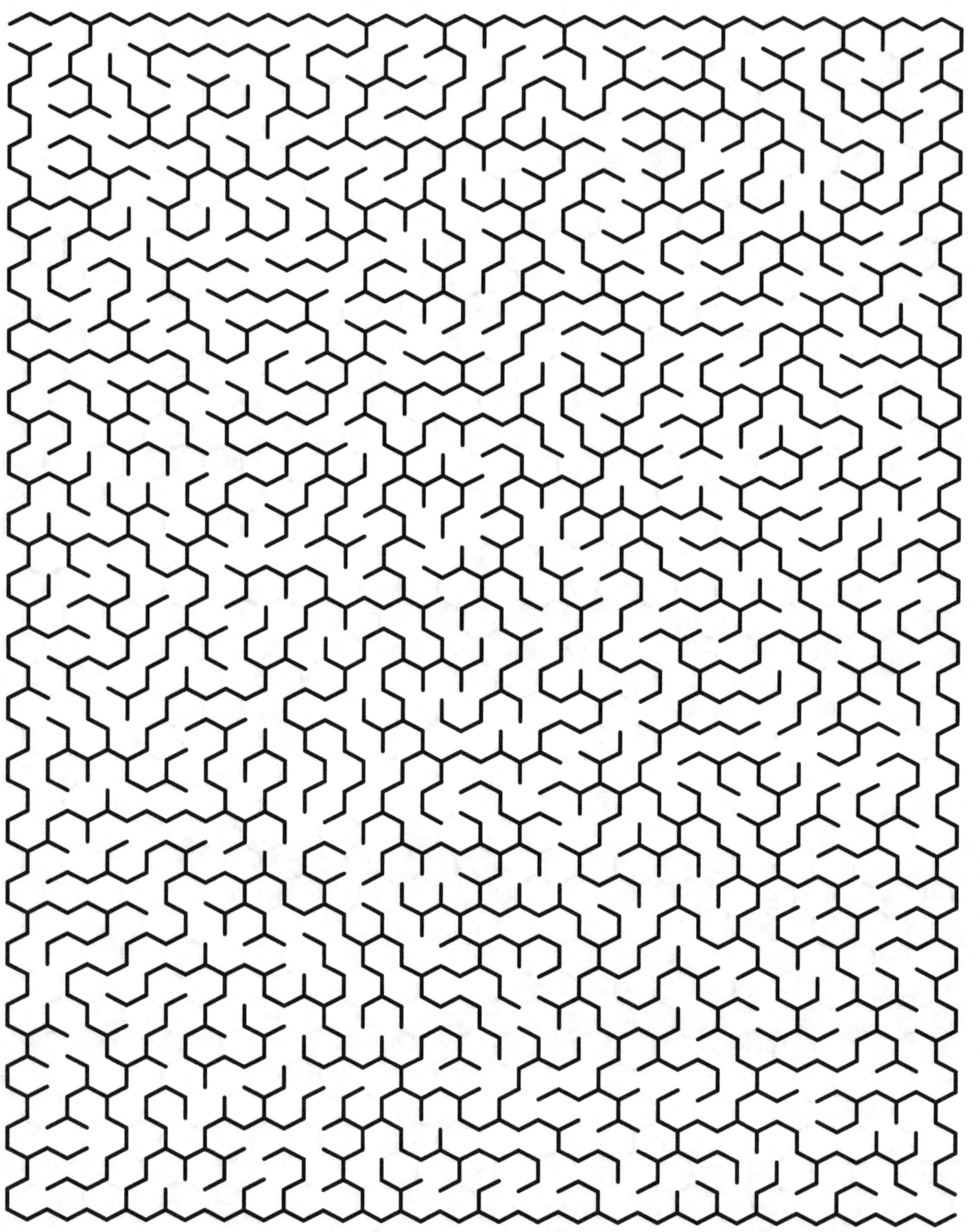

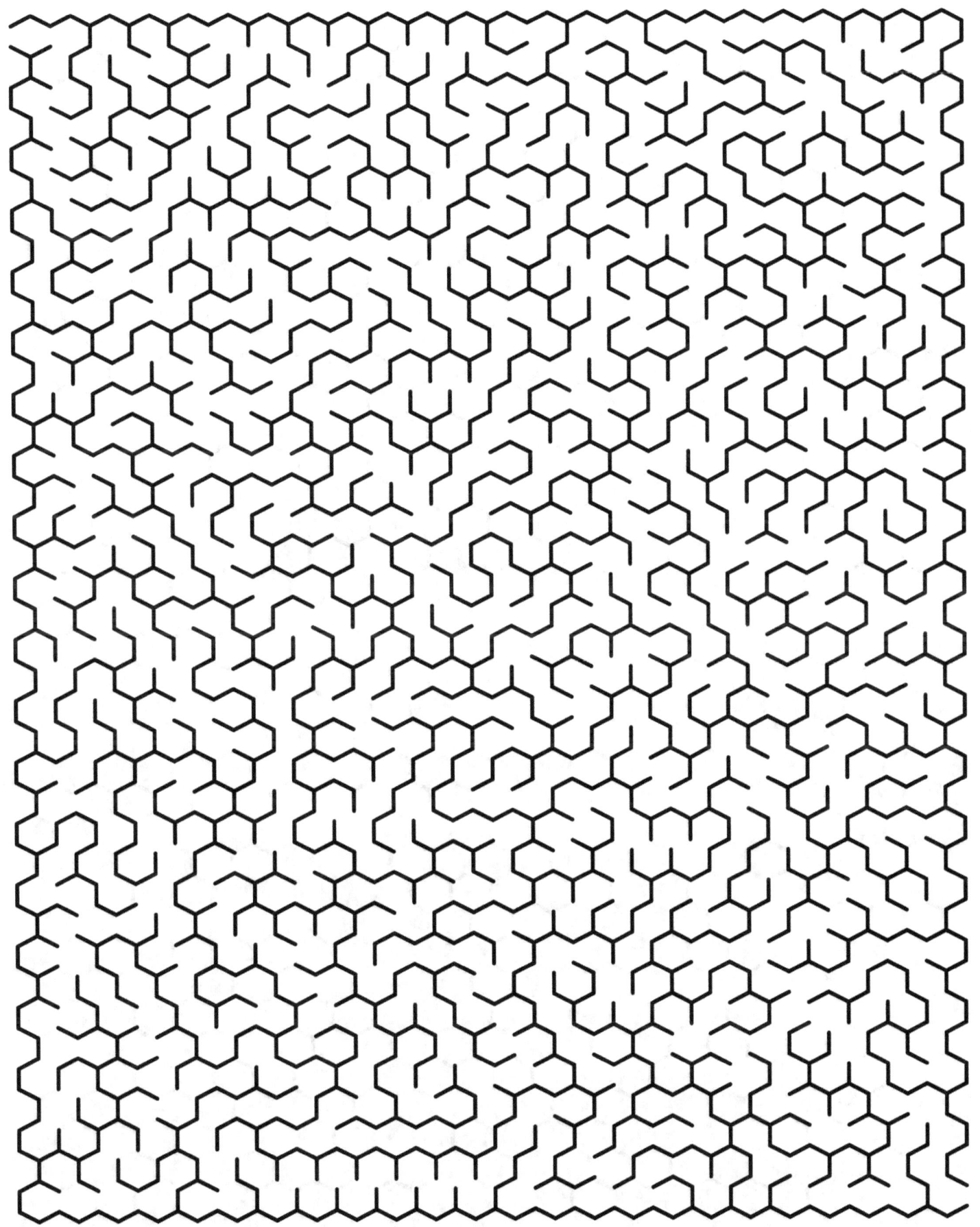

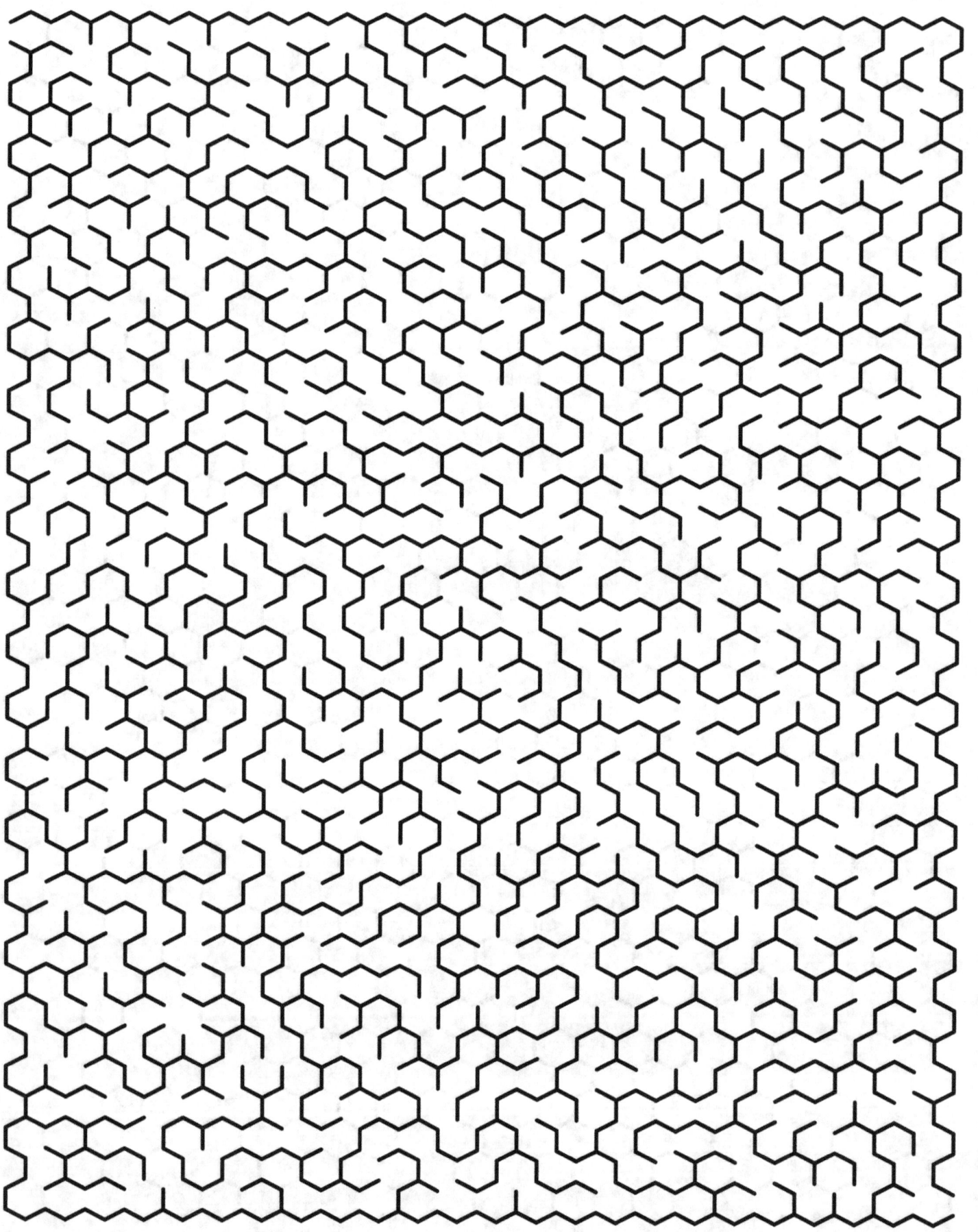

24×39 Labirintos Hexagonais Difíceis

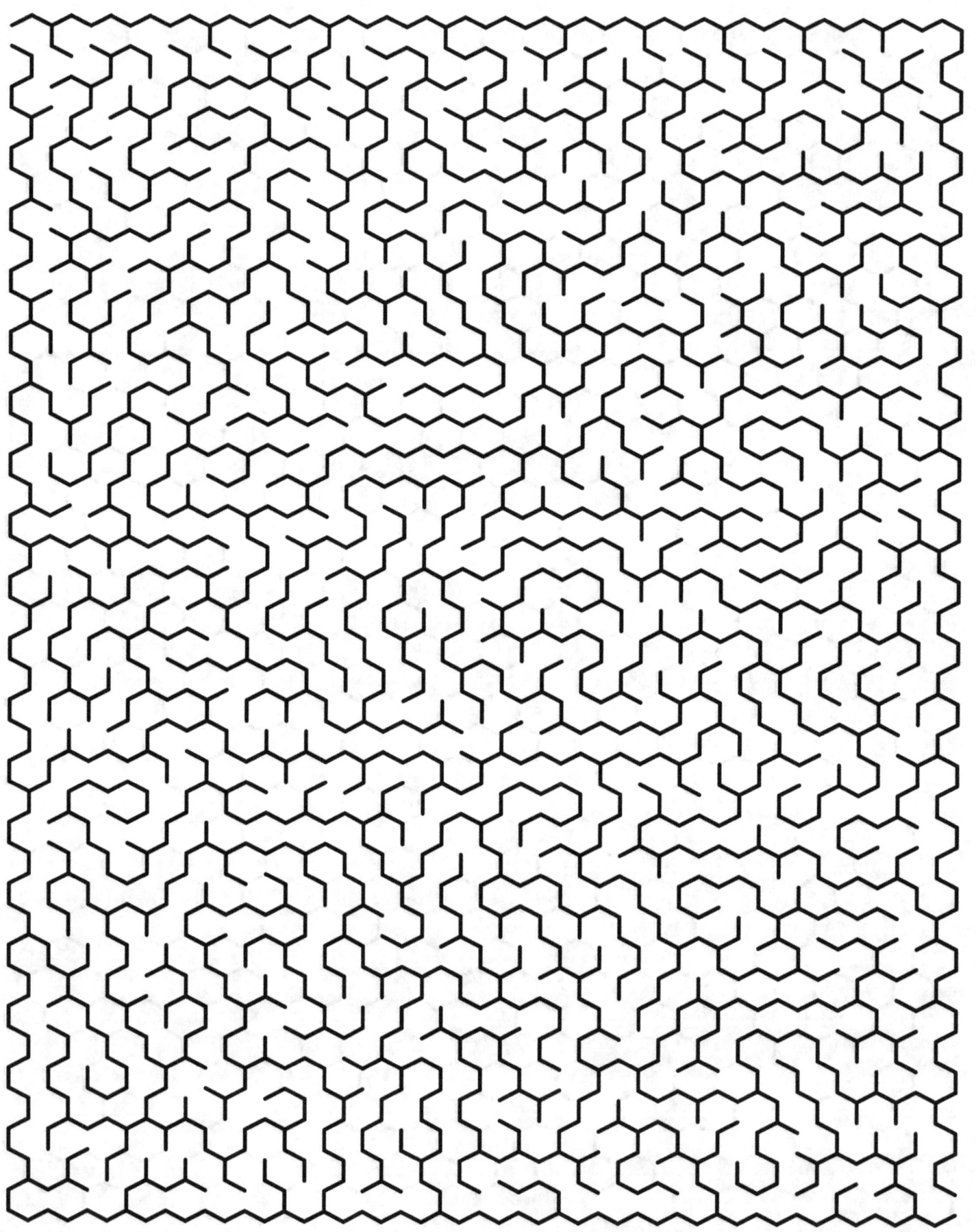

37×59 Labirintos Hexagonais Difíceis

9×12 Labirintos em Losango Fáceis

12×15 Labirintos em Losango Fáceis

12×15 Labirintos em Losango Médios

20×24 Labirintos em Losango Médios

20×24 Labirintos em Losango Difíceis

30×37 Labirintos em Losango Difíceis

9×12 Labirintos de Quadrado Truncado Fáceis

12×15 Labirintos de Quadrado Truncado Fáceis

12×15 Labirintos de Quadrado Truncado Médios

20×24 Labirintos de Quadrado Truncado Médios

20×24 Labirintos de Quadrado Truncado Difíceis

30×37 Labirintos de Quadrado Truncado Difíceis

9×12 Labirintos de Quadrado Truncado 2 Fáceis

9×12 Labirintos do Tipo Cairo Fáceis

12×15 Labirintos do Tipo Cairo Fáceis

13×16 Labirintos do Tipo Cairo Fáceis

13×15 Labirintos do Tipo Cairo Médios

20×24 Labirintos do Tipo Cairo Médios

20×24 Labirintos do Tipo Cairo Difíceis

30×37 Labirintos do Tipo Cairo Difíceis

20×20 Labirintos Circulares Difíceis

25×25 Labirintos Circulares Difíceis

30×30 Labirintos Circulares Difíceis

35×35 Labirintos Circulares Difíceis

9×12 Labirintos de Quadrado-Triângulo Fáceis

12×15 Labirintos de Quadrado-Triângulo Fáceis

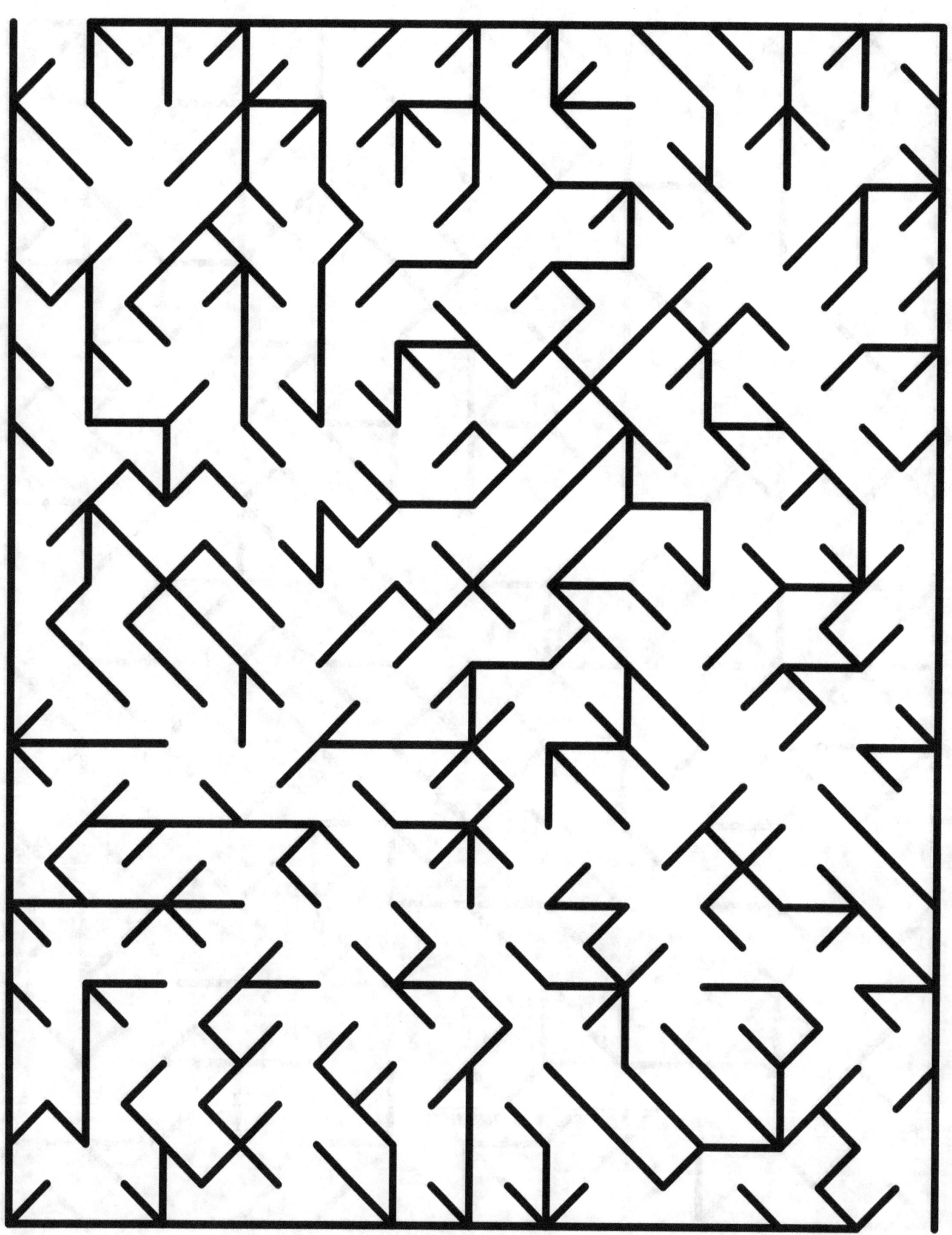

12×15 Labirintos de Quadrado-Triângulo Médios

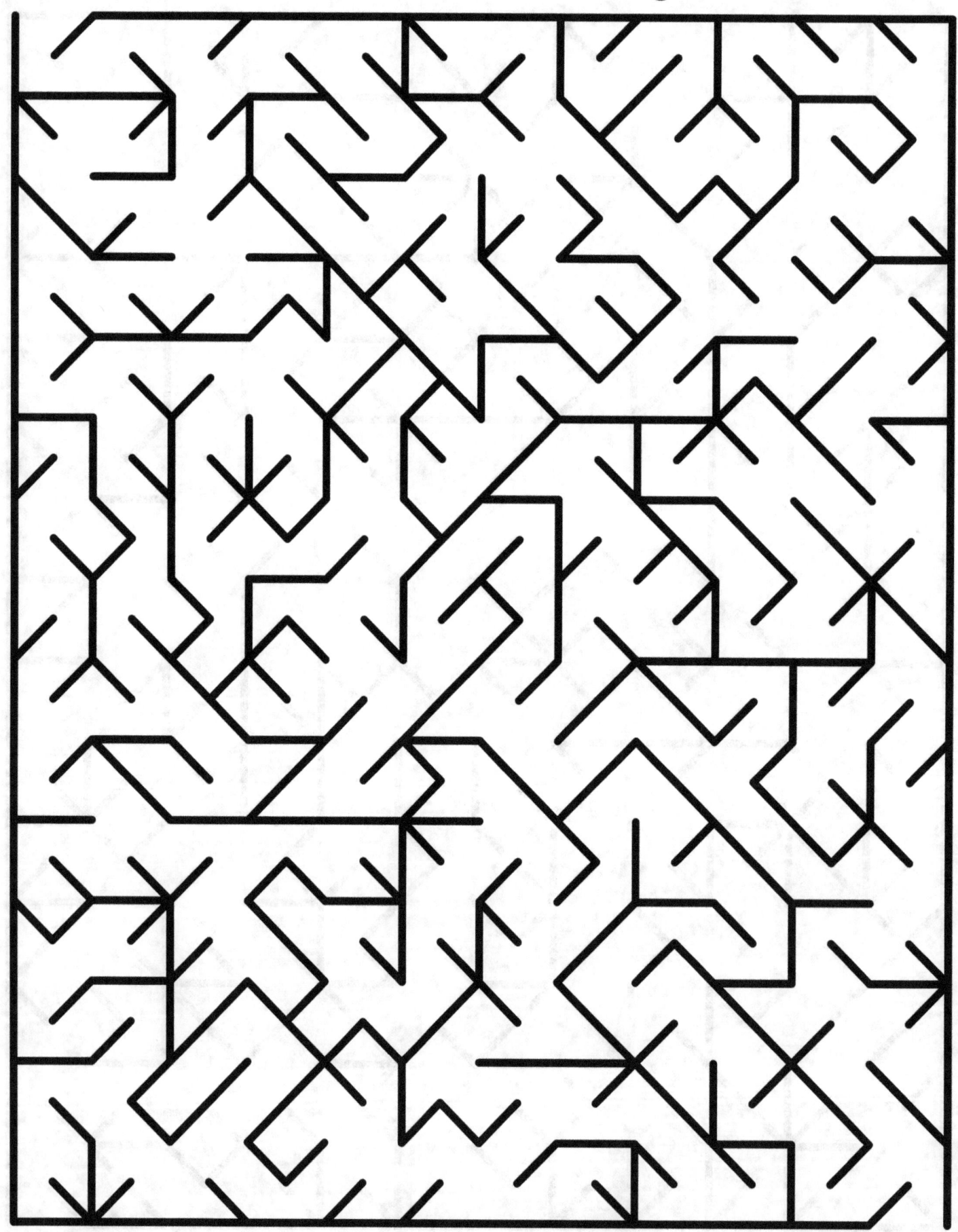

20×24 Labirintos de Quadrado-Triângulo Médios

20×24 Labirintos de Quadrado-Triângulo Difíceis

30×37 Labirintos de Quadrado-Triângulo Difíceis

Soluções

Page 4

Page 5

Page 6

Page 7

Page 8

Page 9

Page 10

Page 11

Labirintos aos Montes!

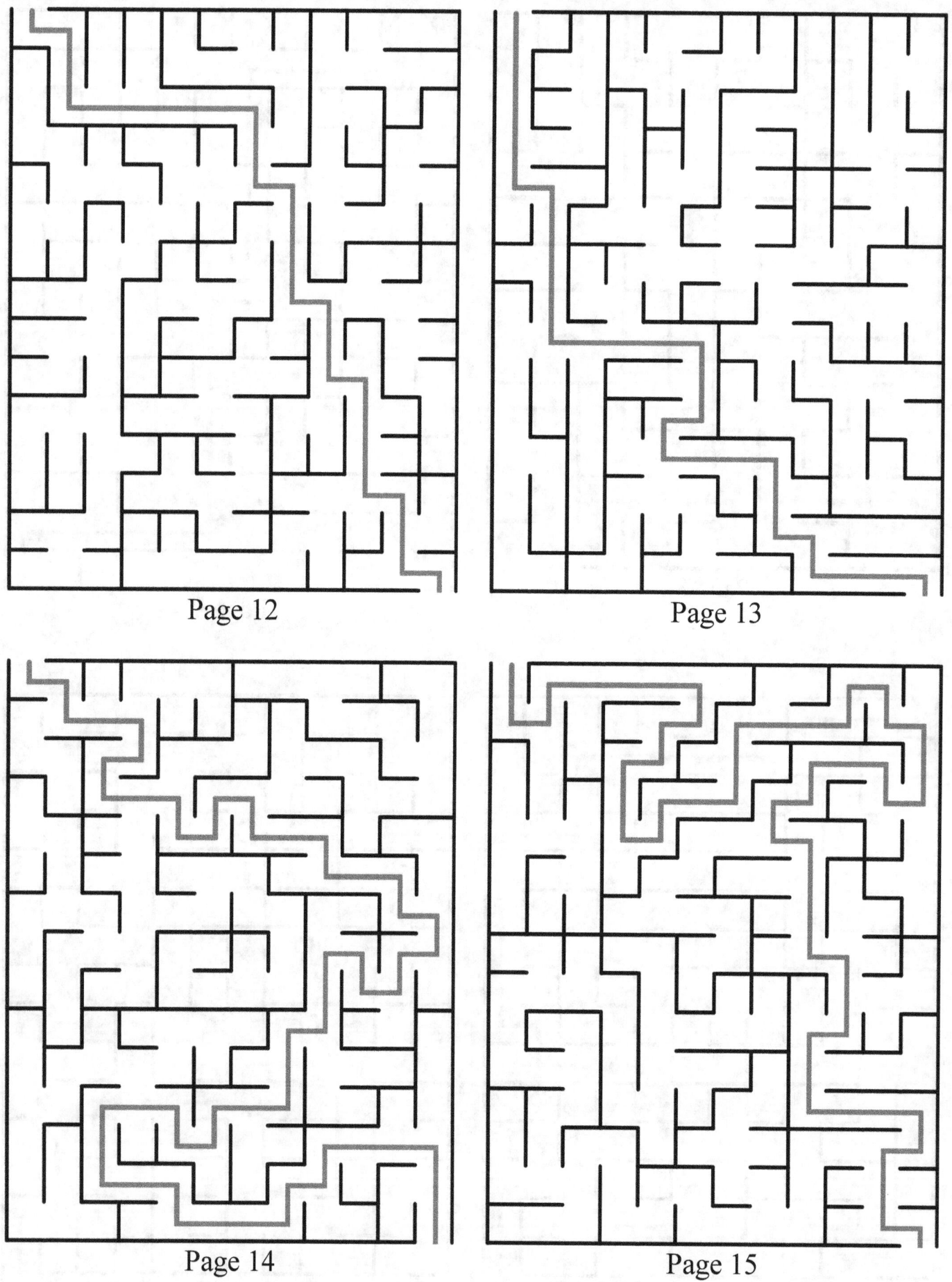

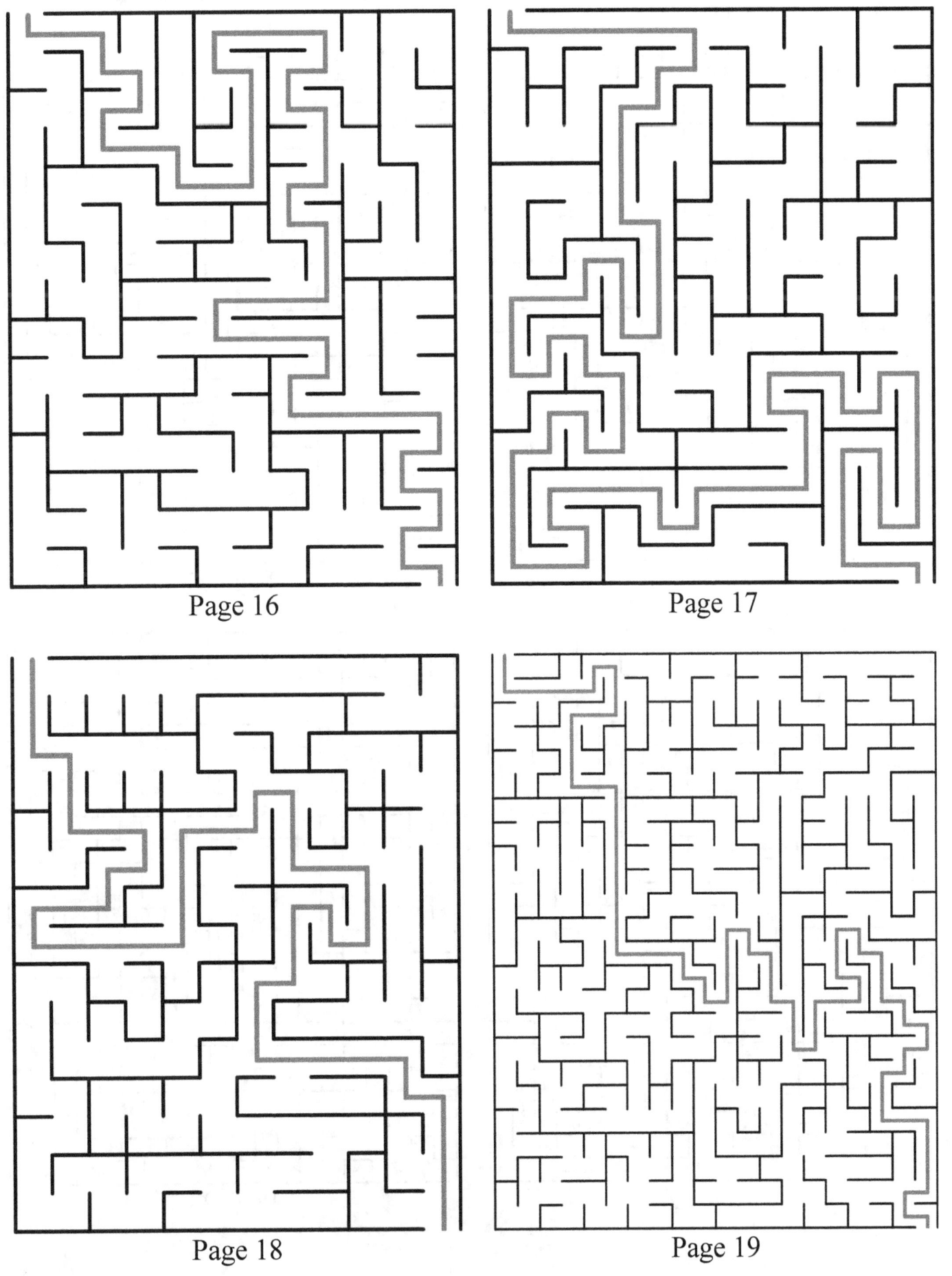

Page 16 Page 17

Page 18 Page 19

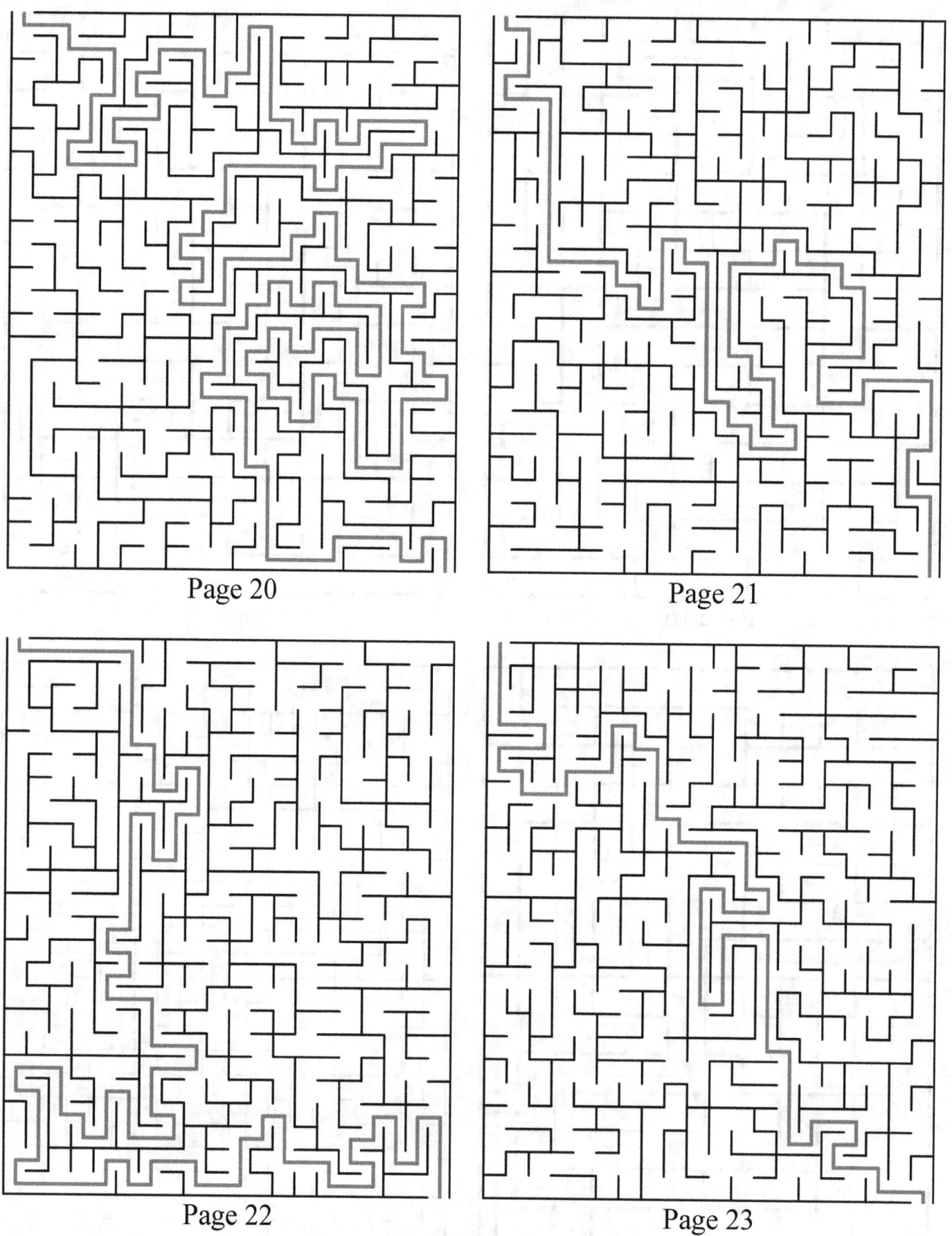

Page 20

Page 21

Page 22

Page 23

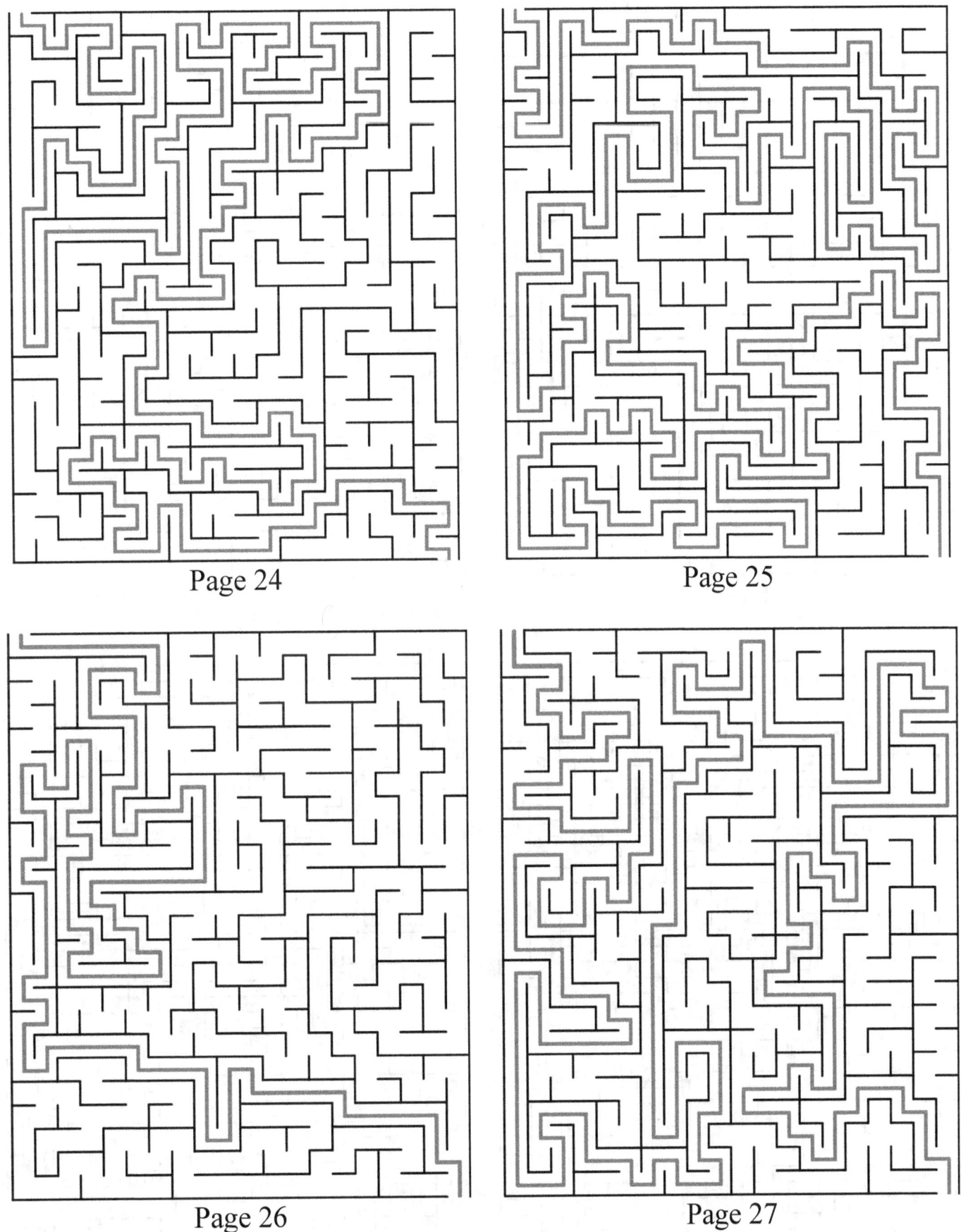

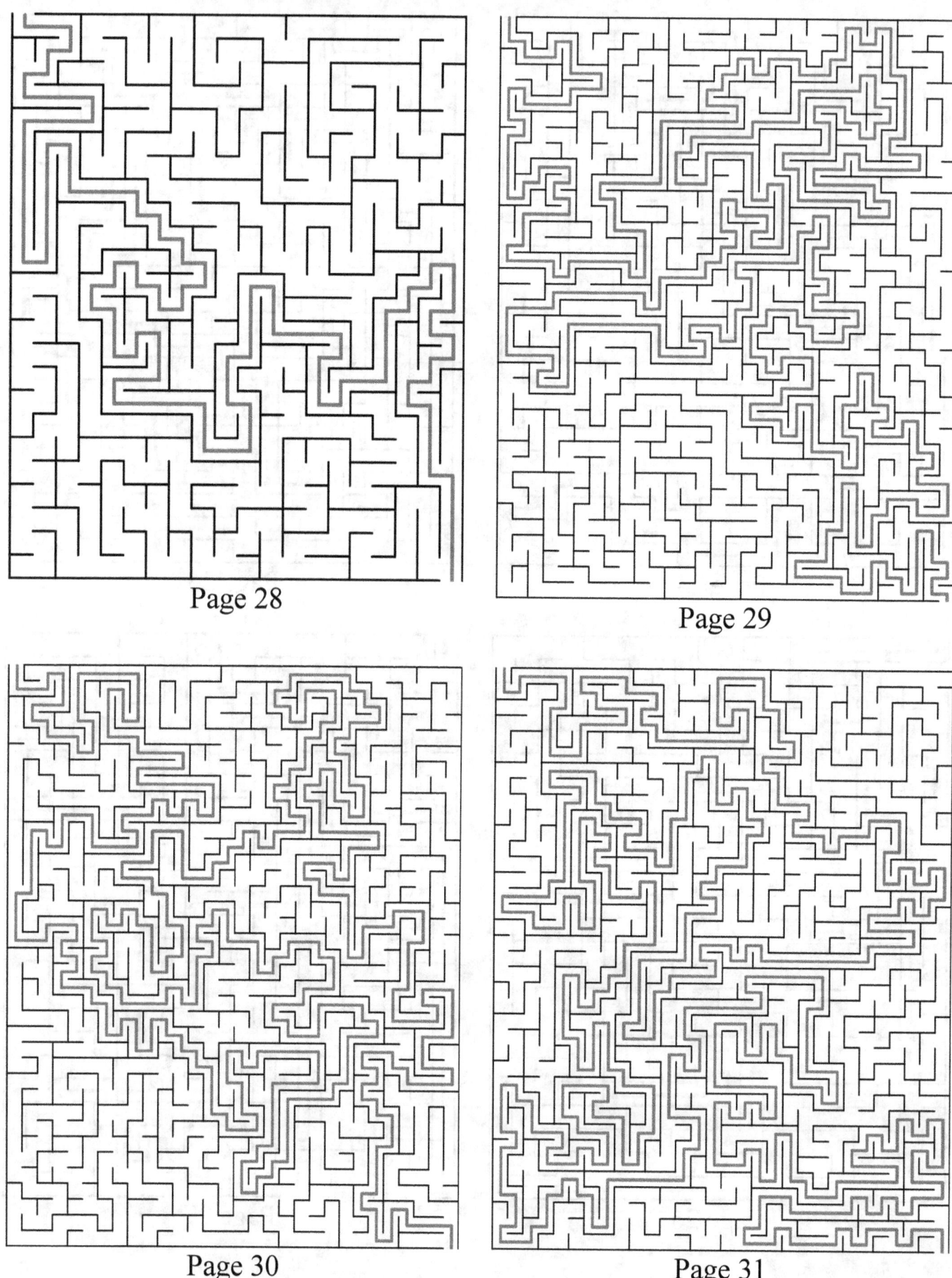

Page 28

Page 29

Page 30

Page 31

Page 32

Page 33

Page 34

Page 35

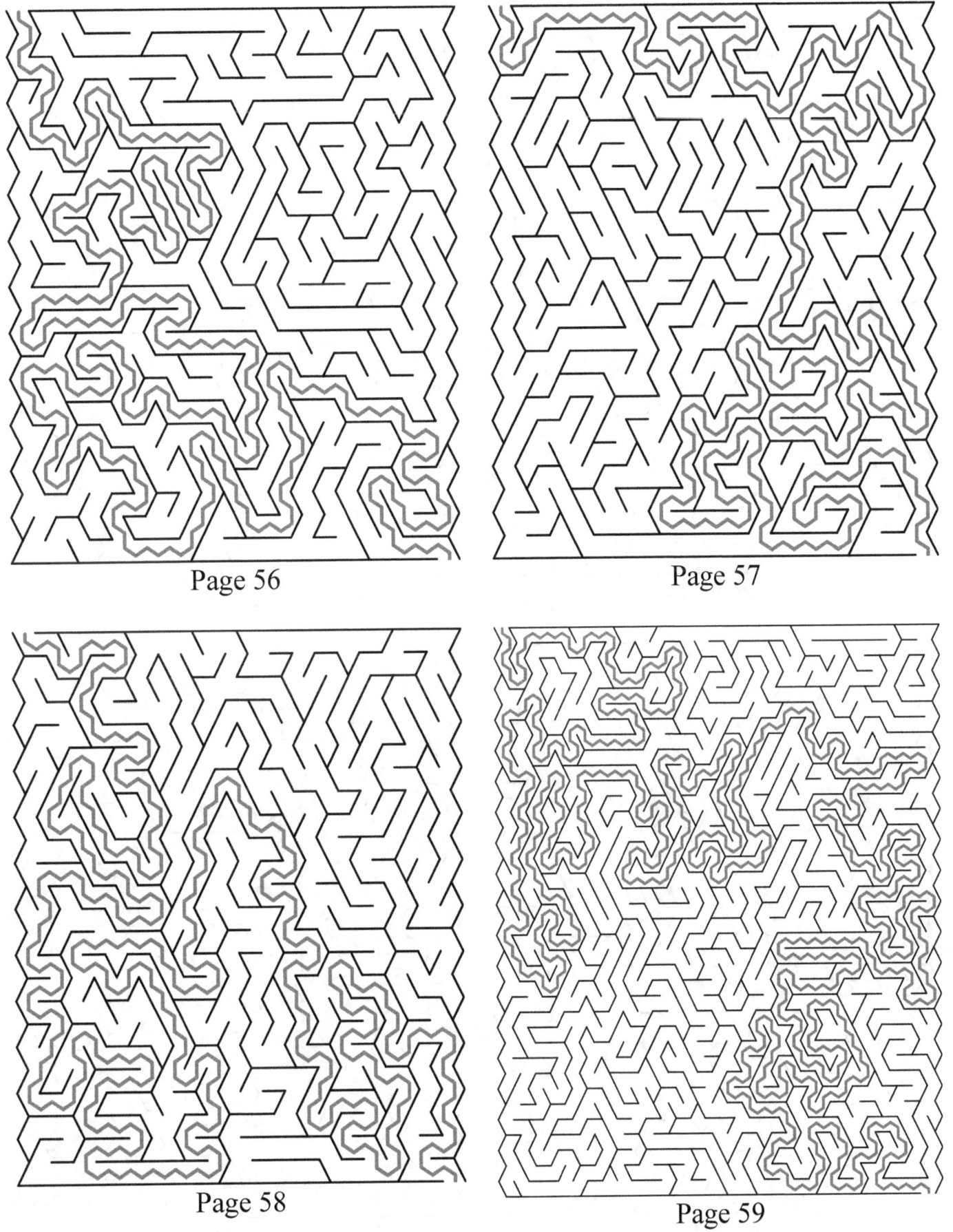

Page 56

Page 57

Page 58

Page 59

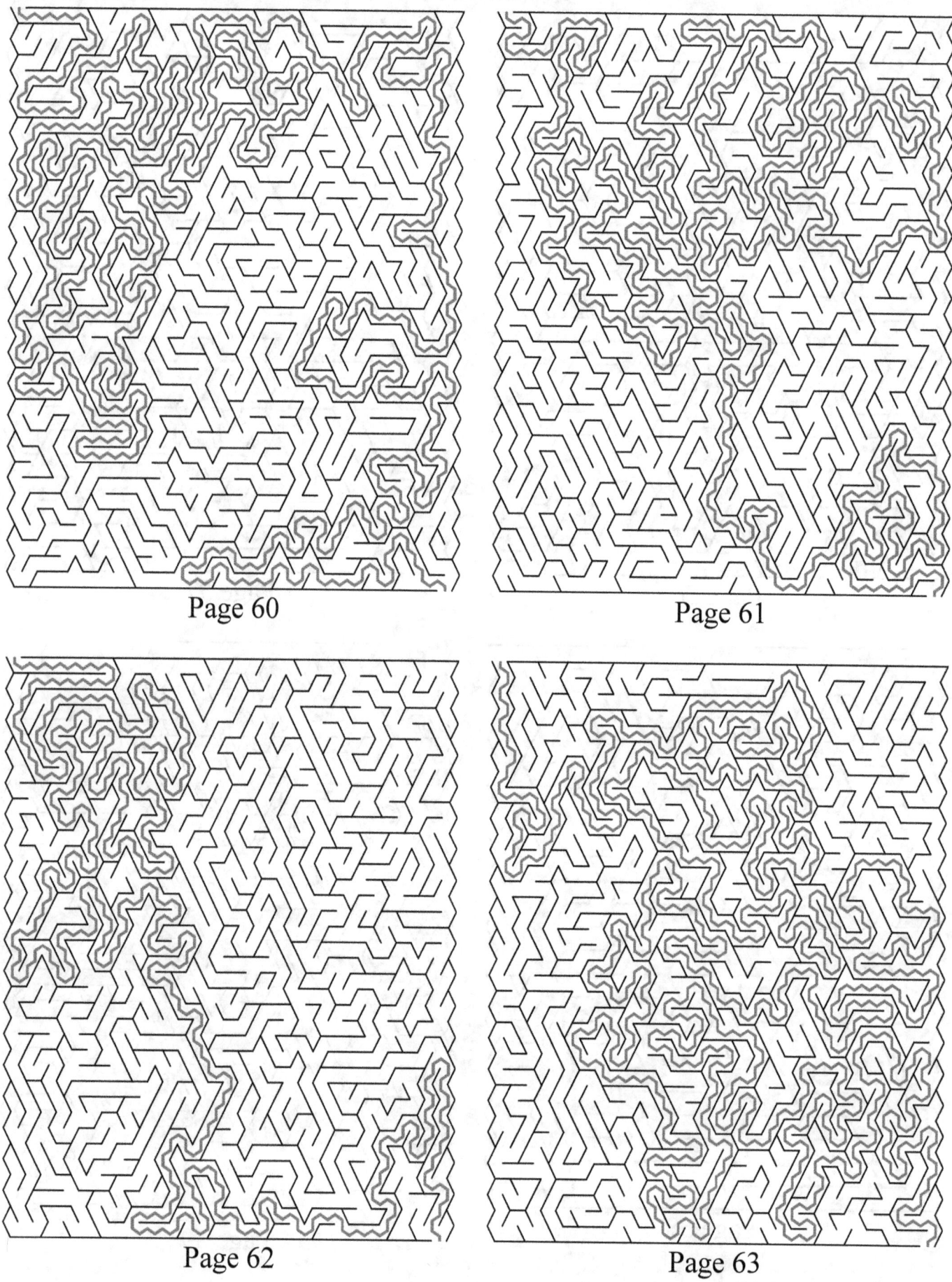

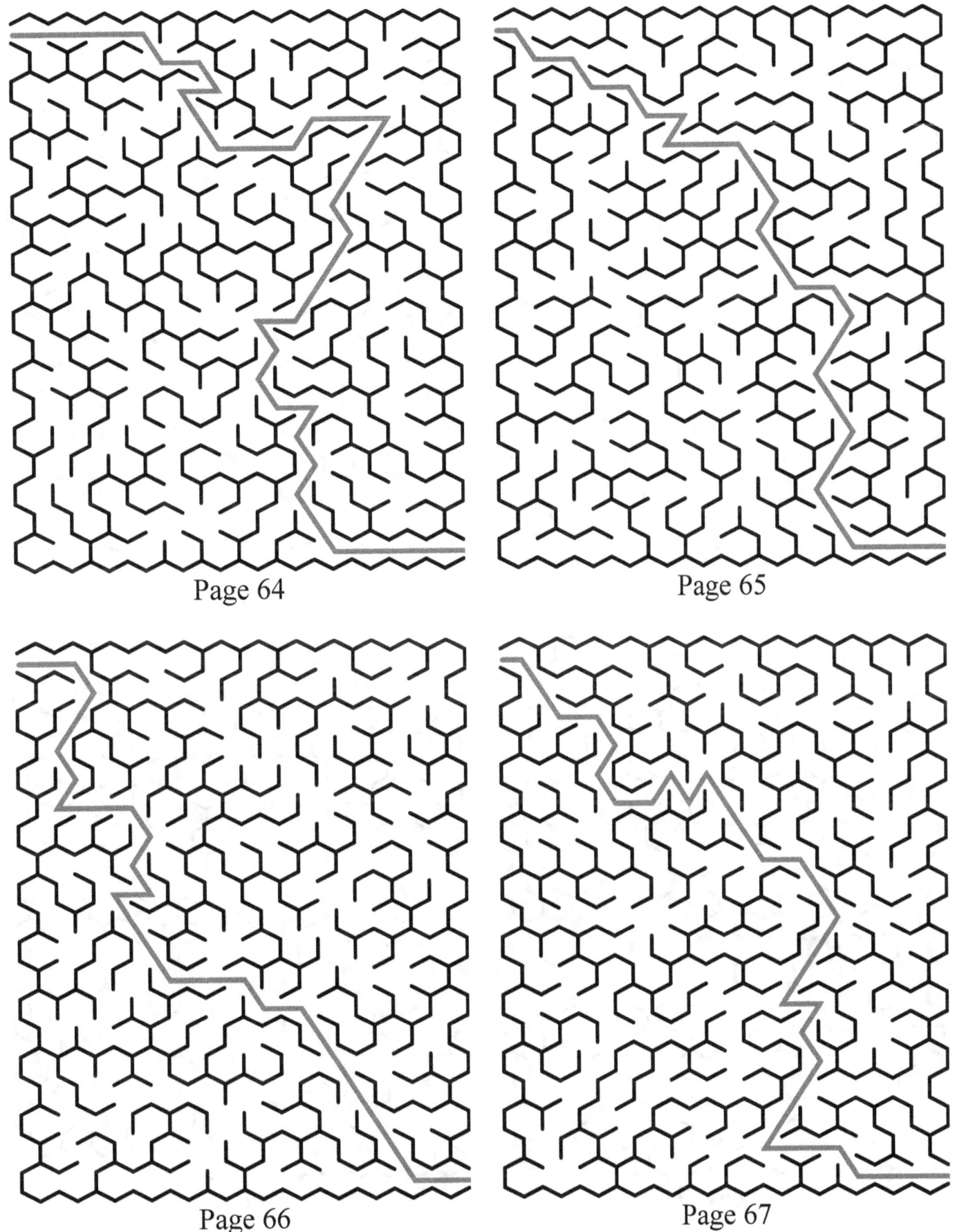

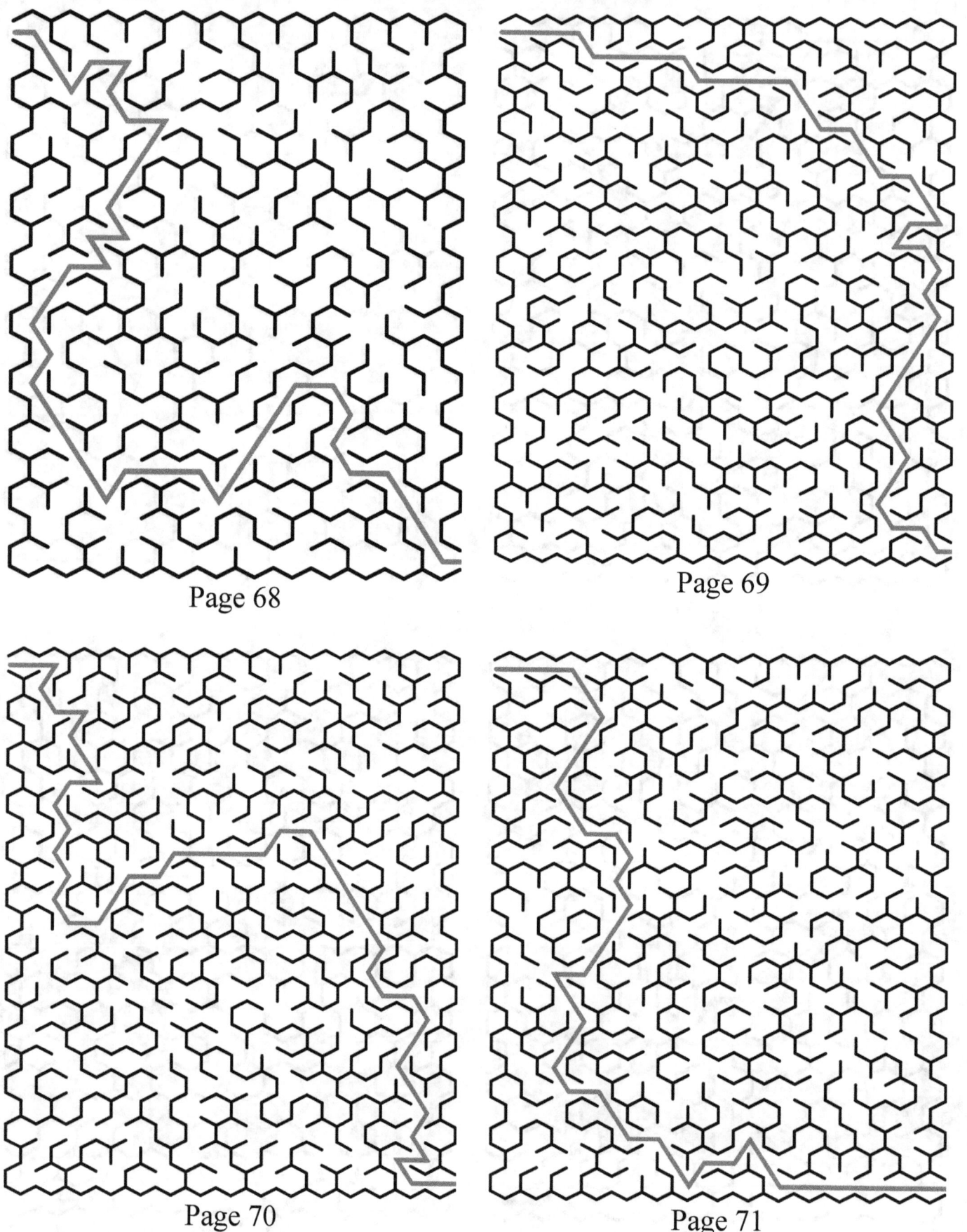

Page 68

Page 69

Page 70

Page 71

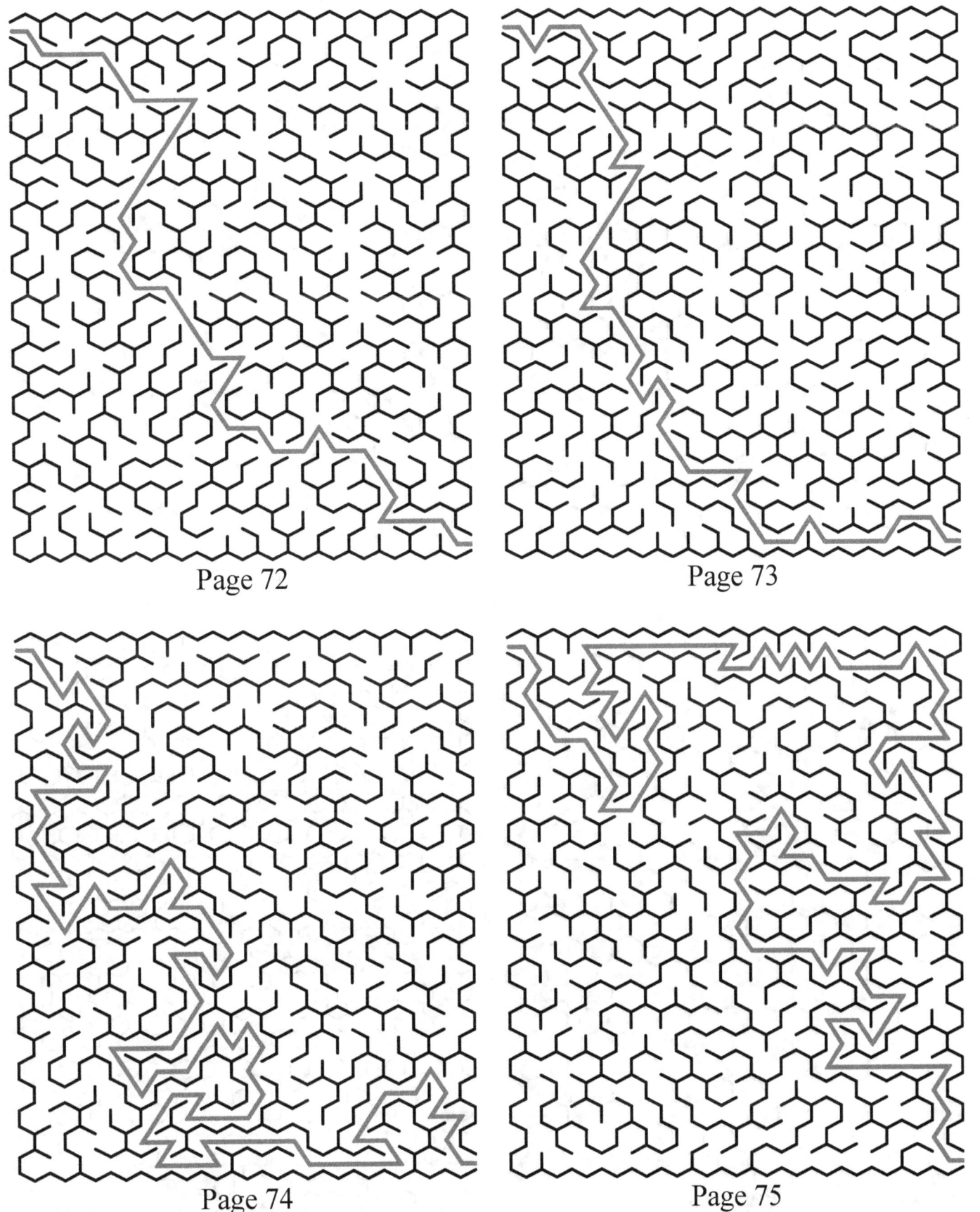

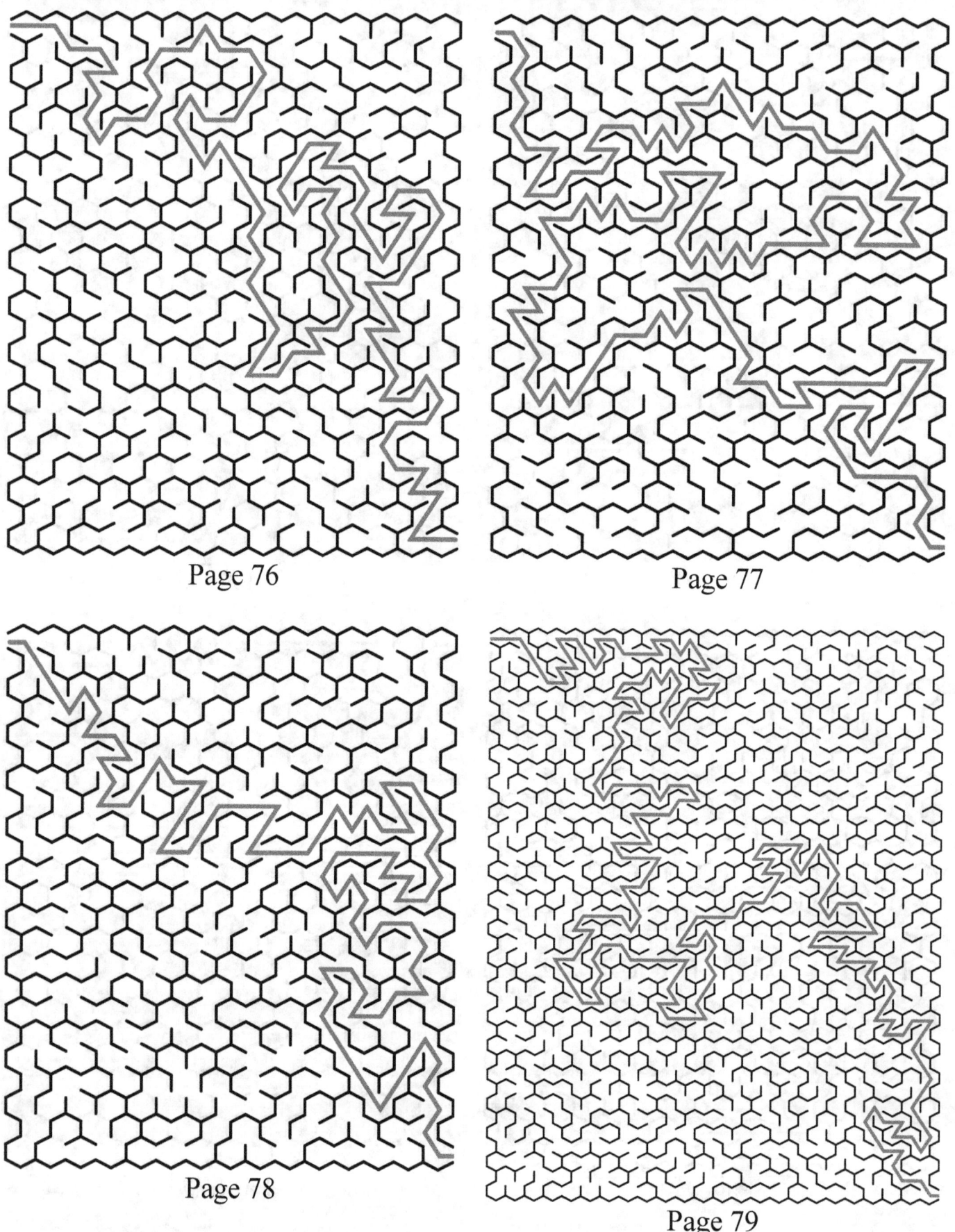

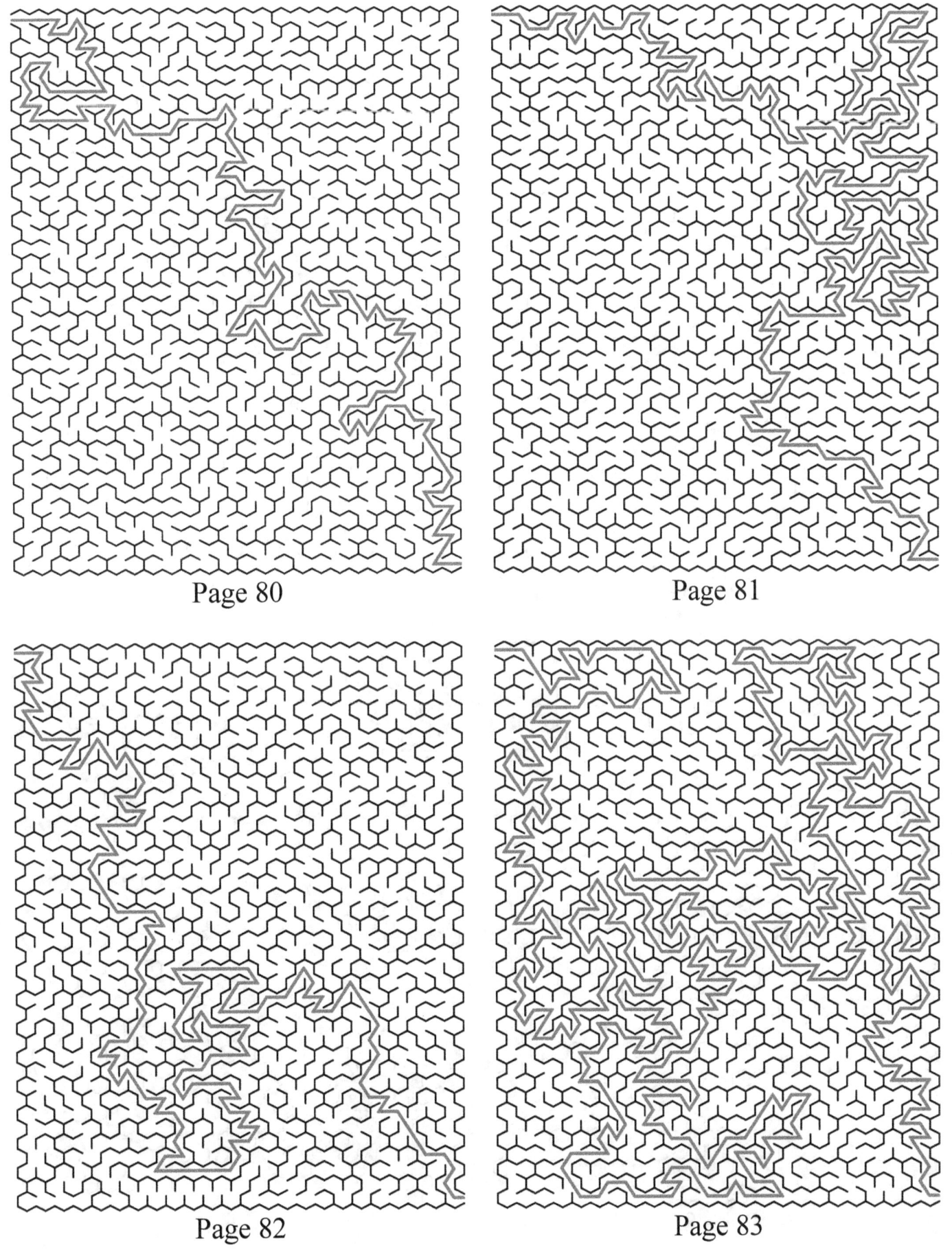

Page 80 Page 81

Page 82 Page 83

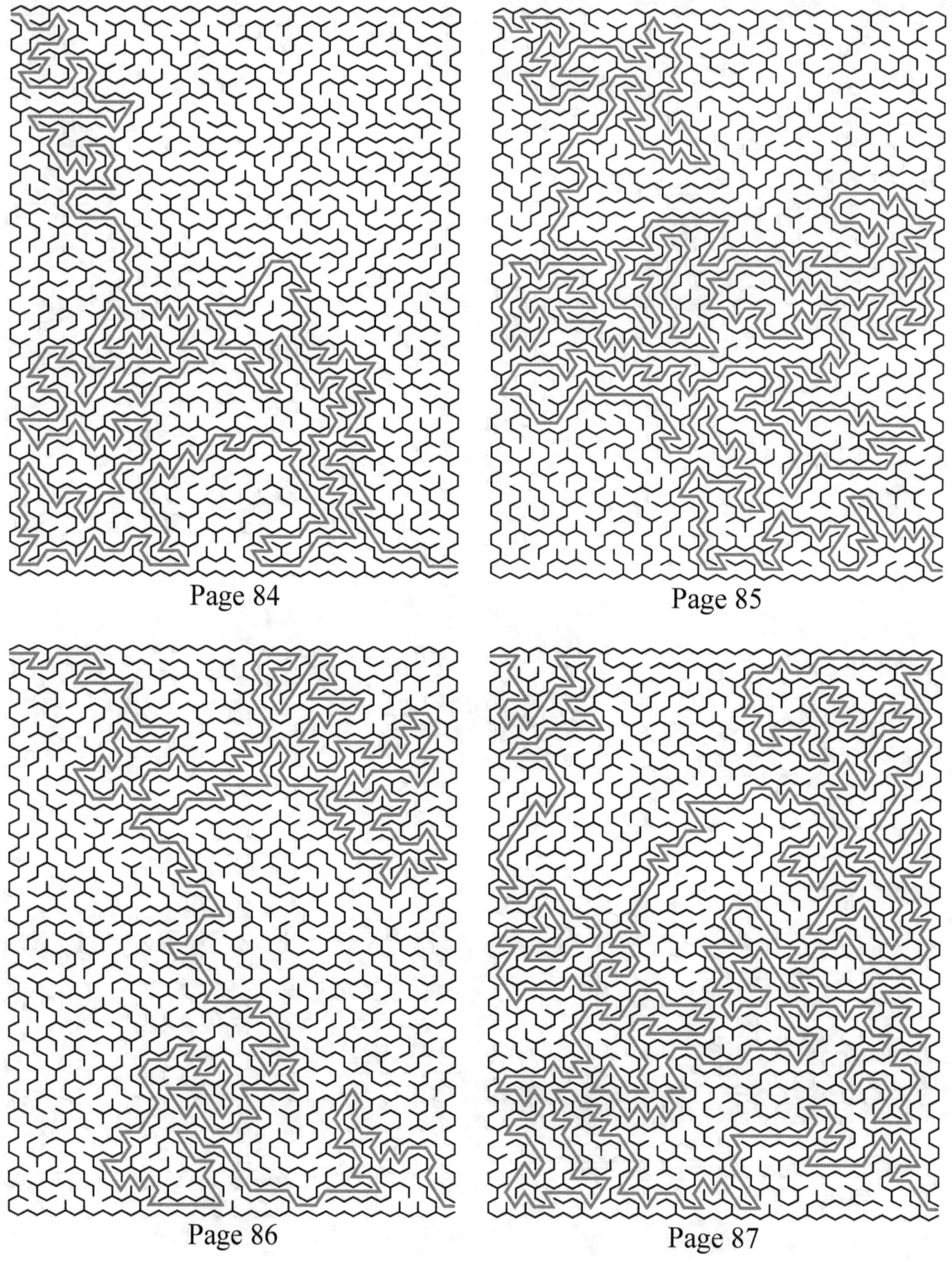

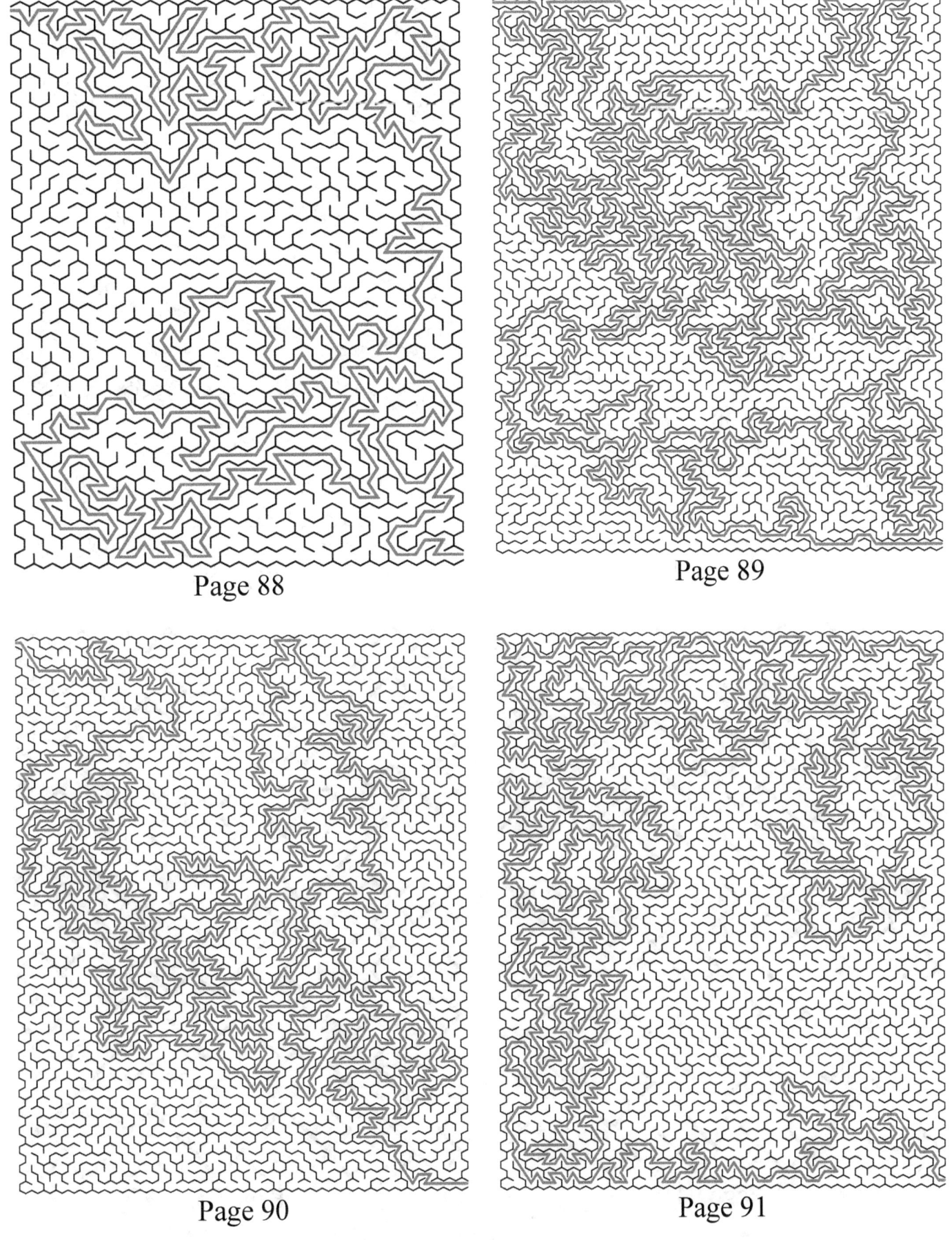

Page 88

Page 89

Page 90

Page 91

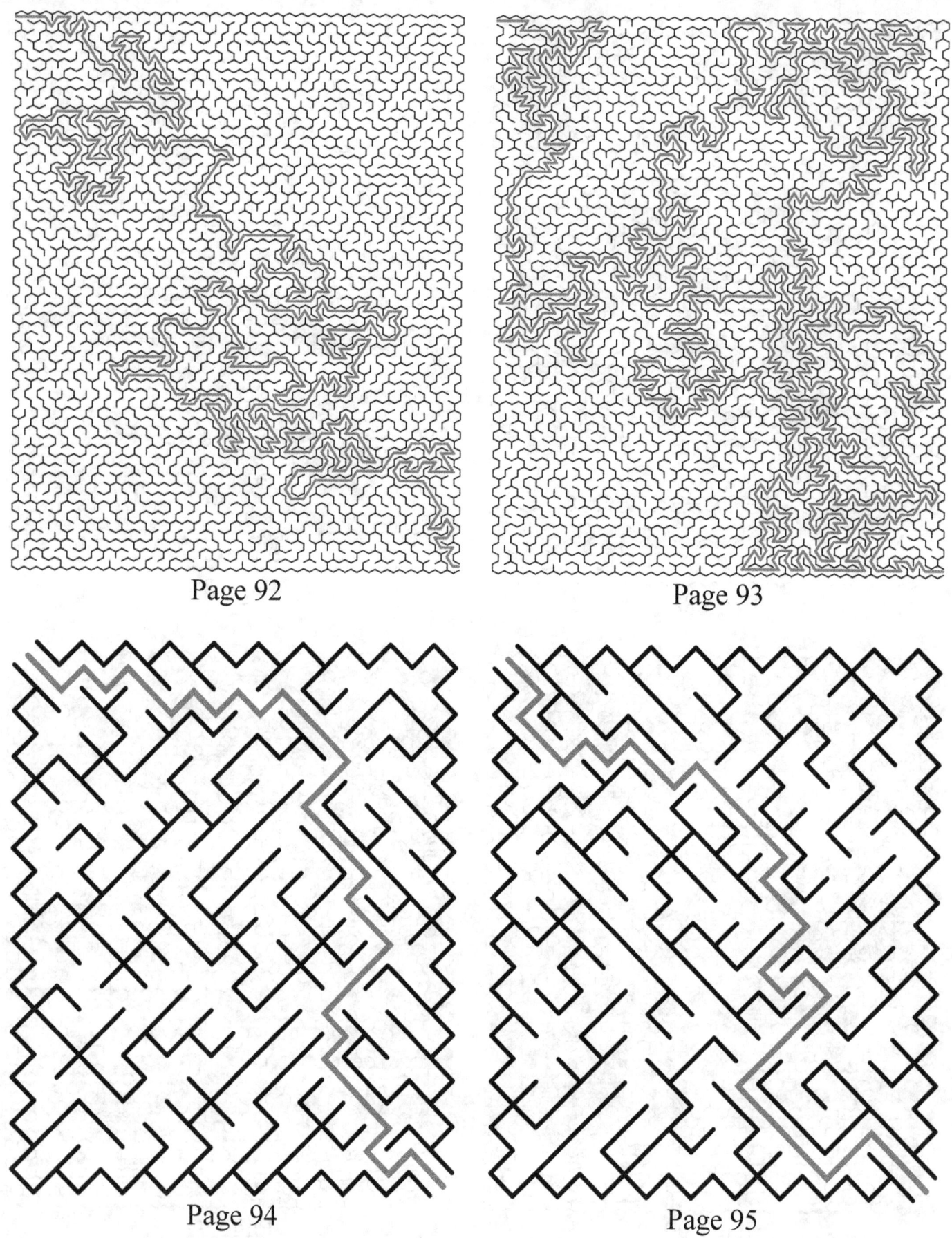

Page 96
Page 97
Page 98
Page 99

Page 100 Page 101 Page 102 Page 103

Page 104

Page 105

Page 106

Page 107

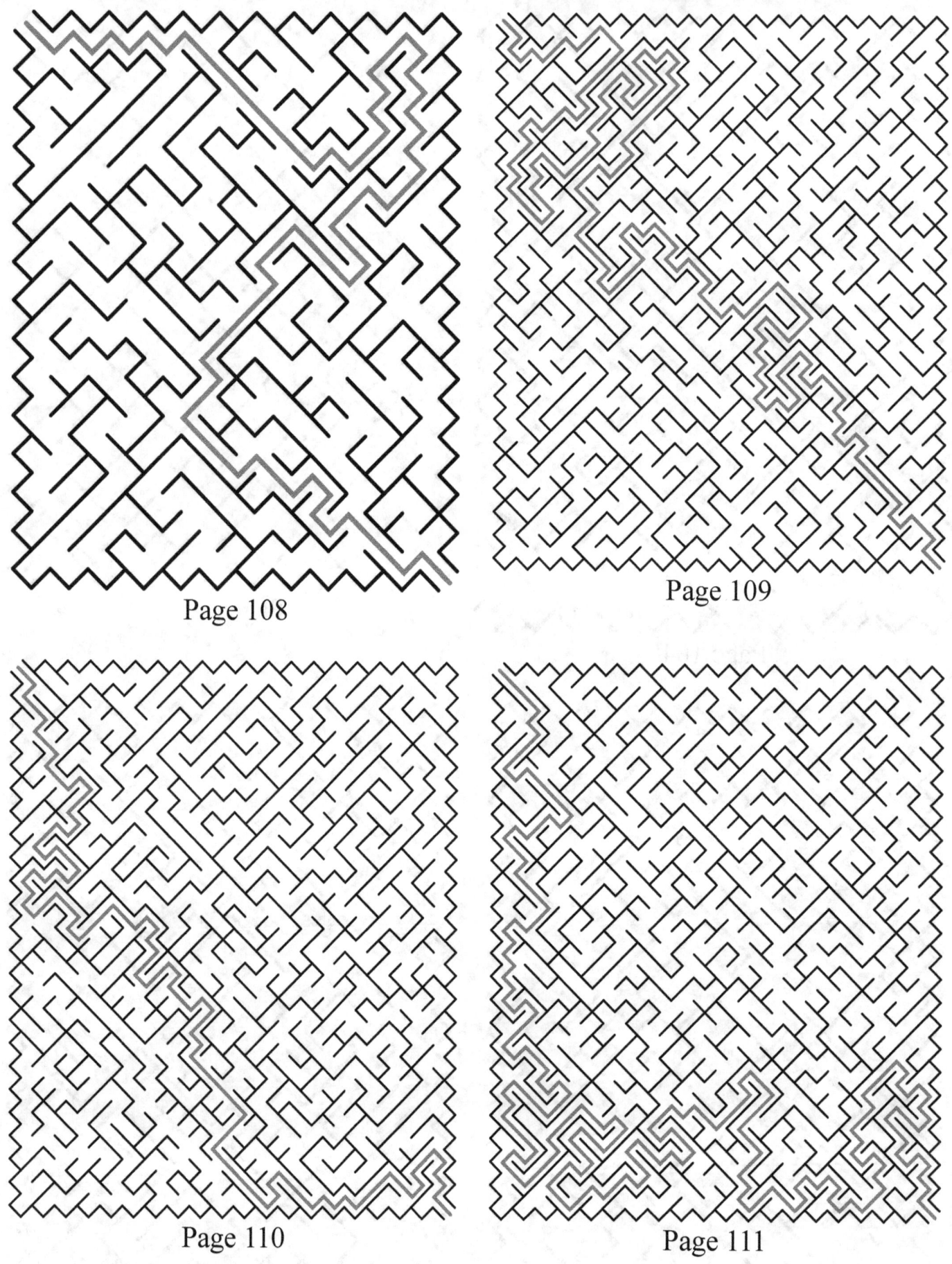

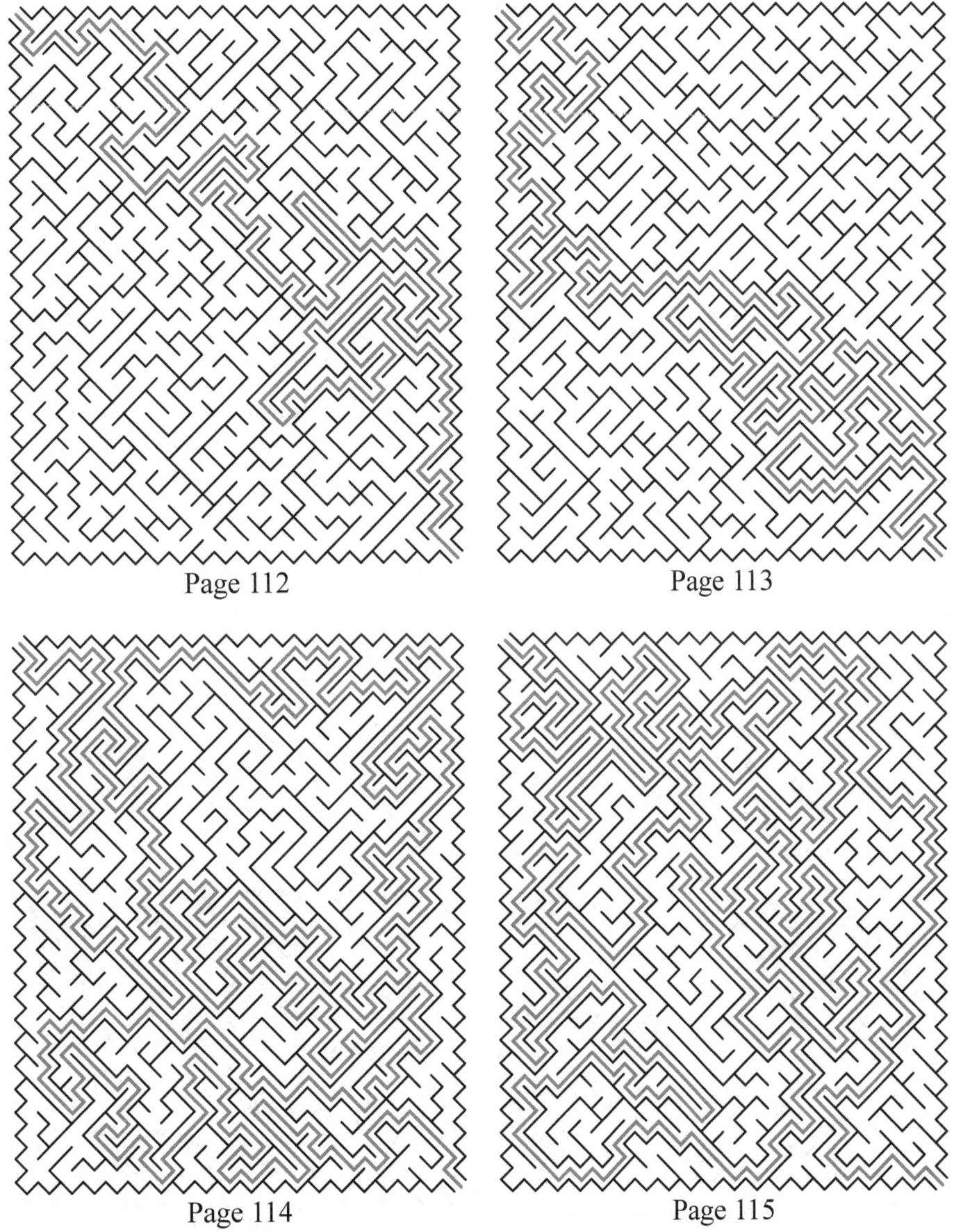

Page 112
Page 113
Page 114
Page 115

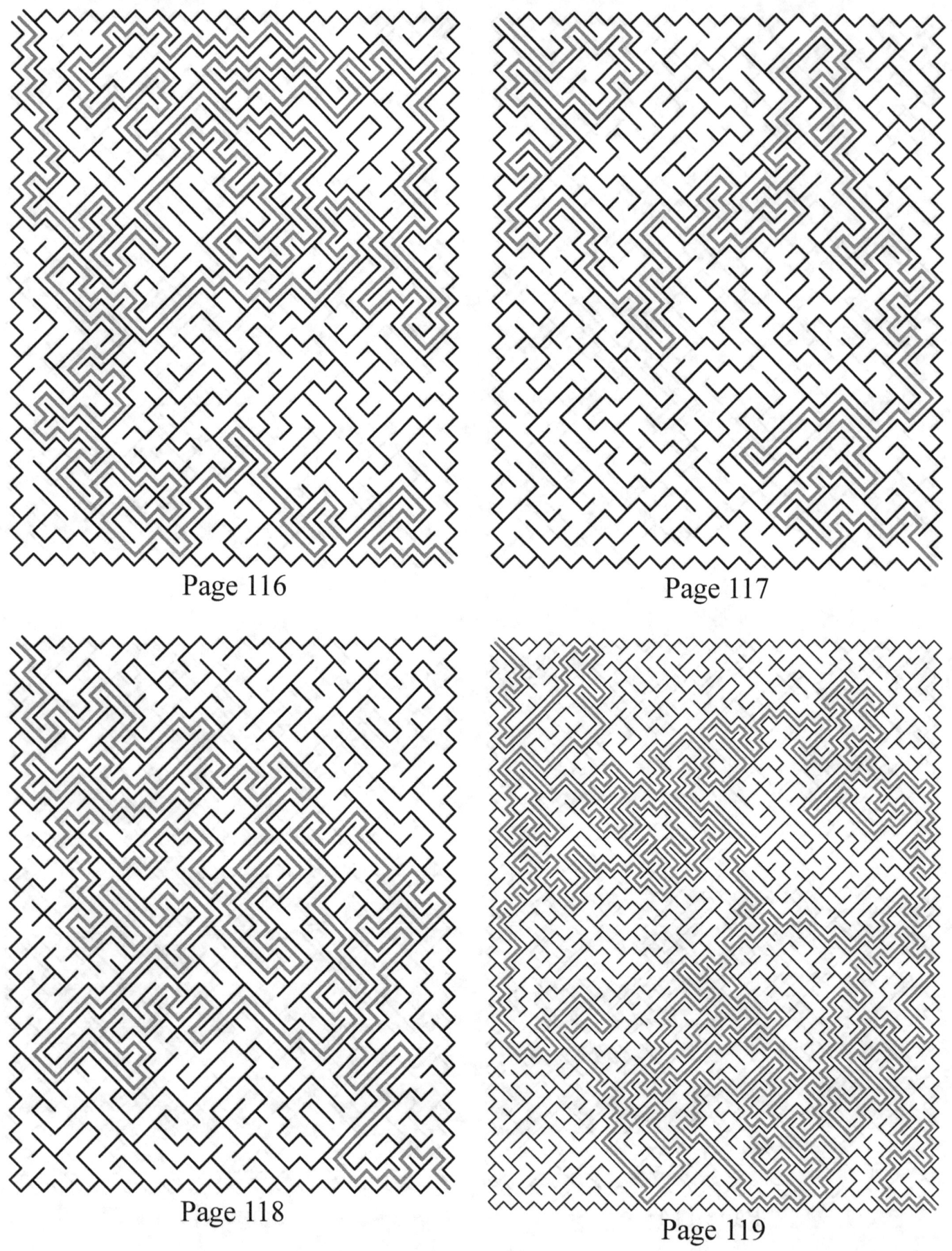

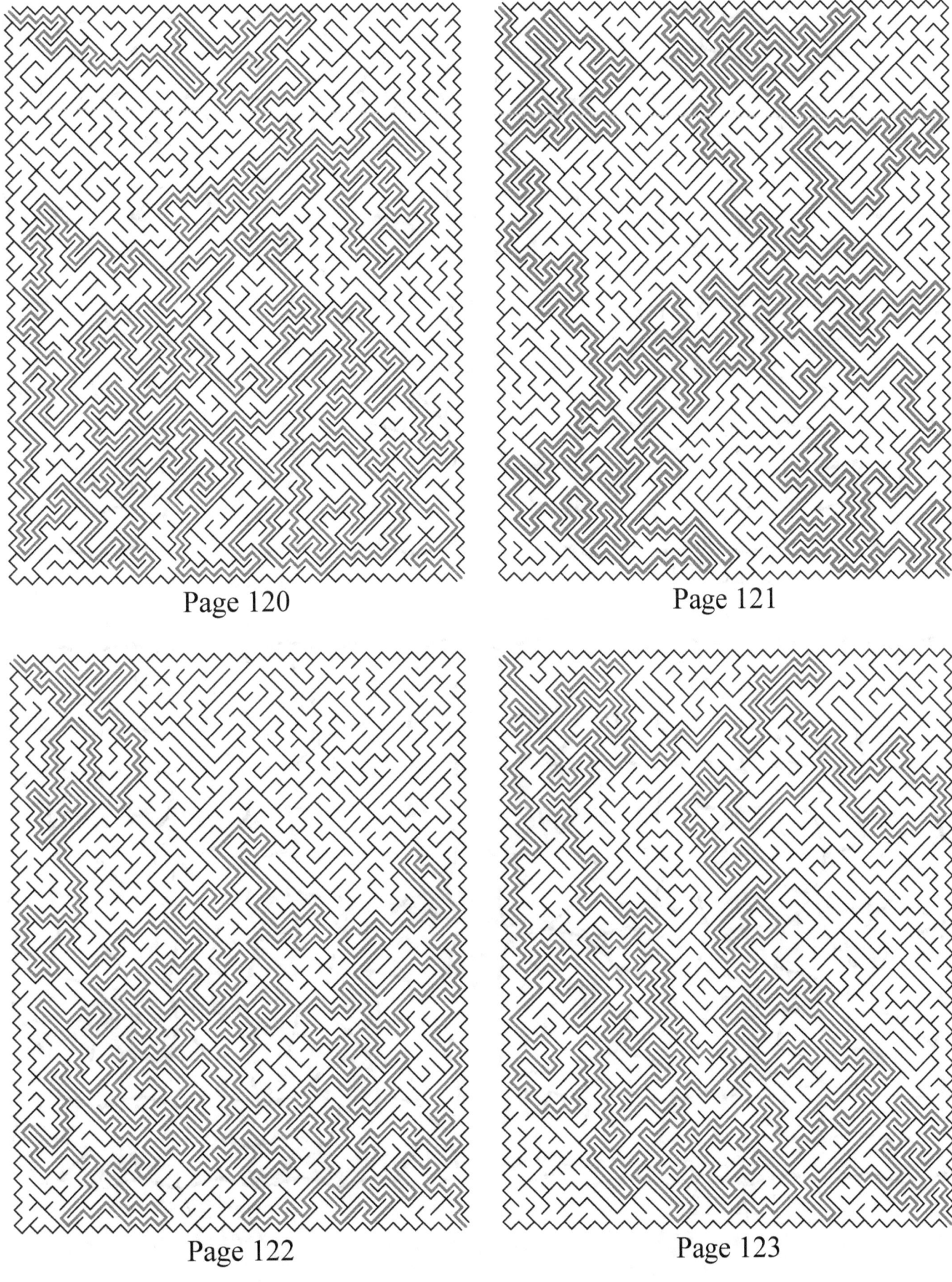

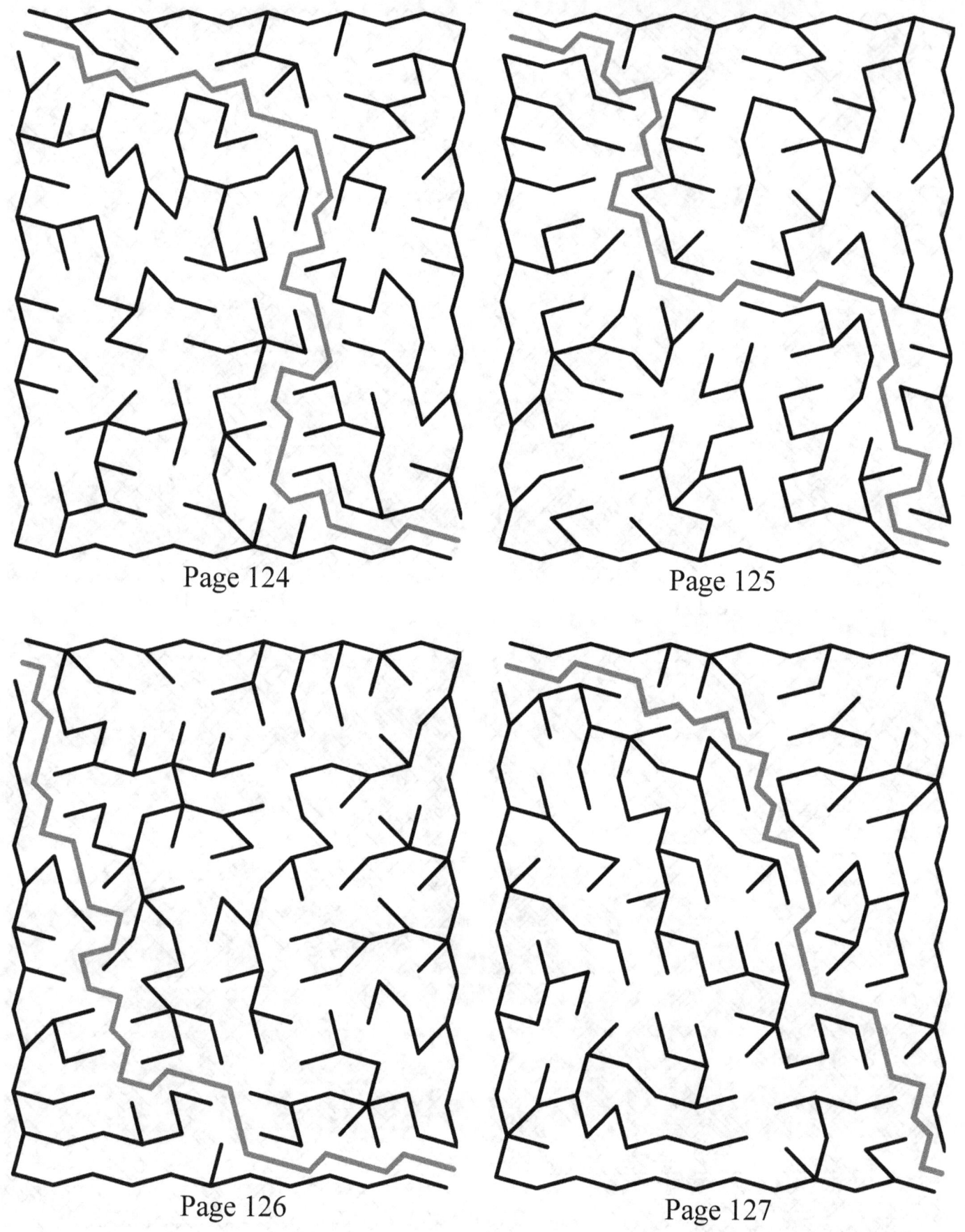

Page 124

Page 125

Page 126

Page 127

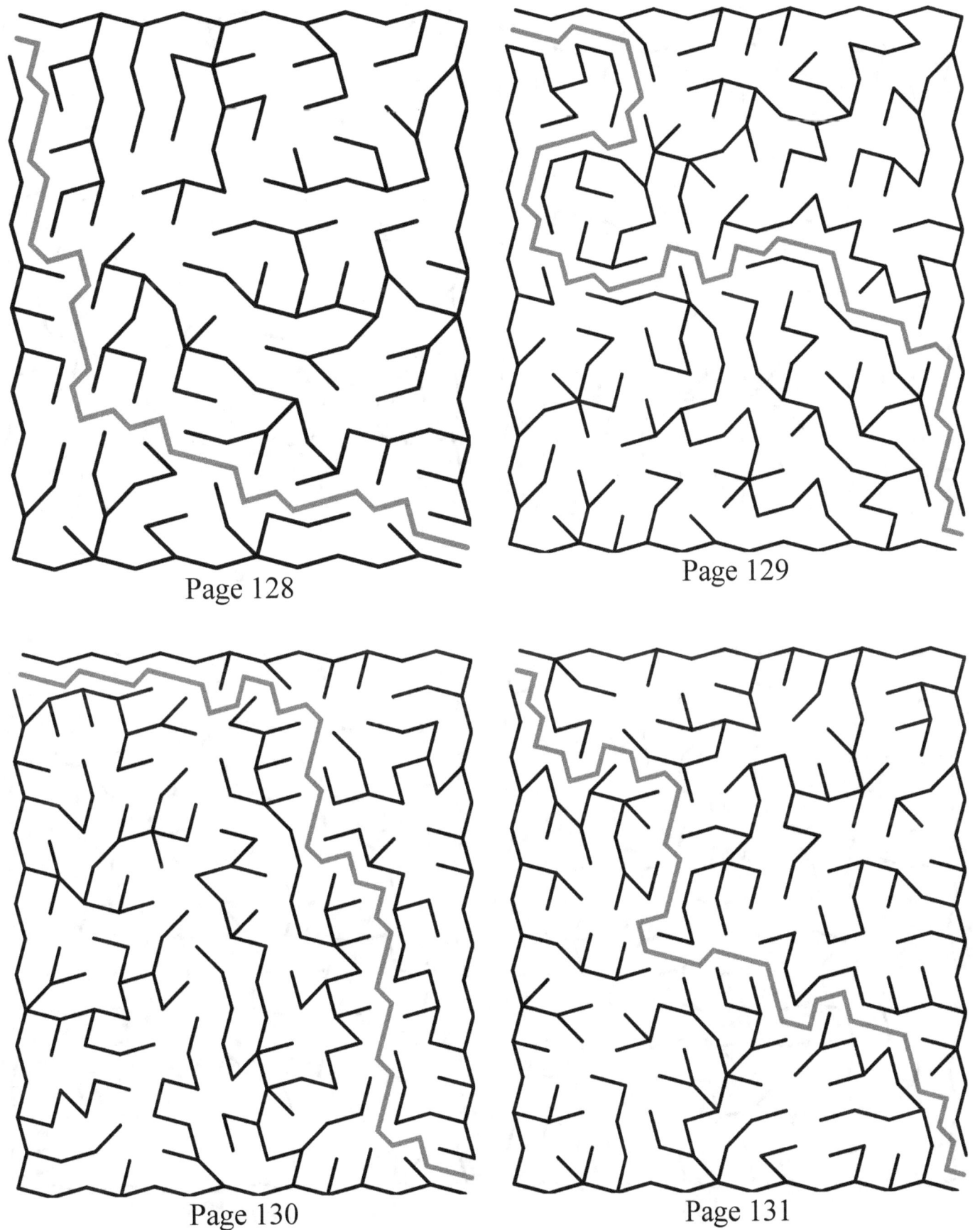

Page 128

Page 129

Page 130

Page 131

Labirintos aos Montes! Copyright 2025 David E. McAdams. 276

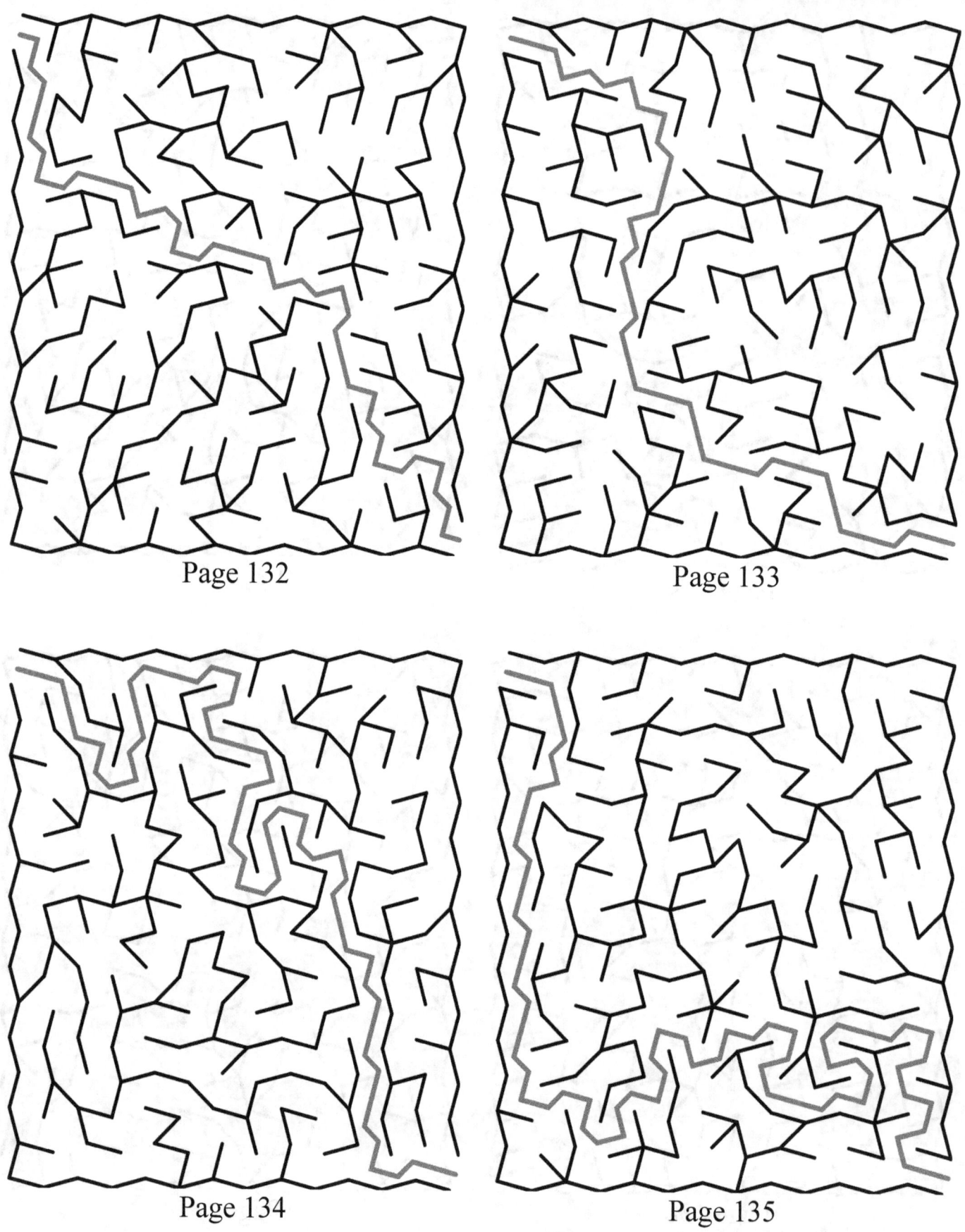

Page 132

Page 133

Page 134

Page 135

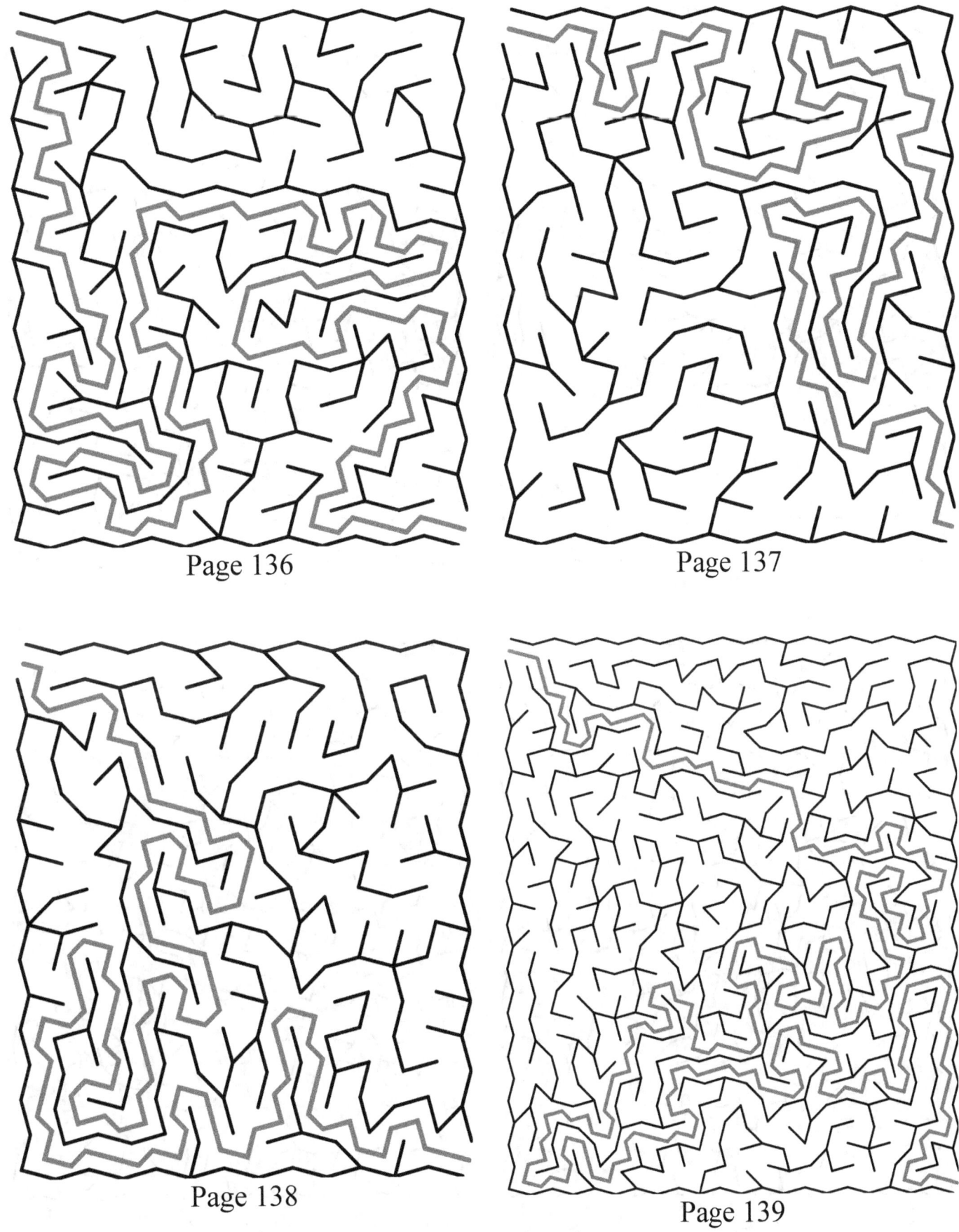

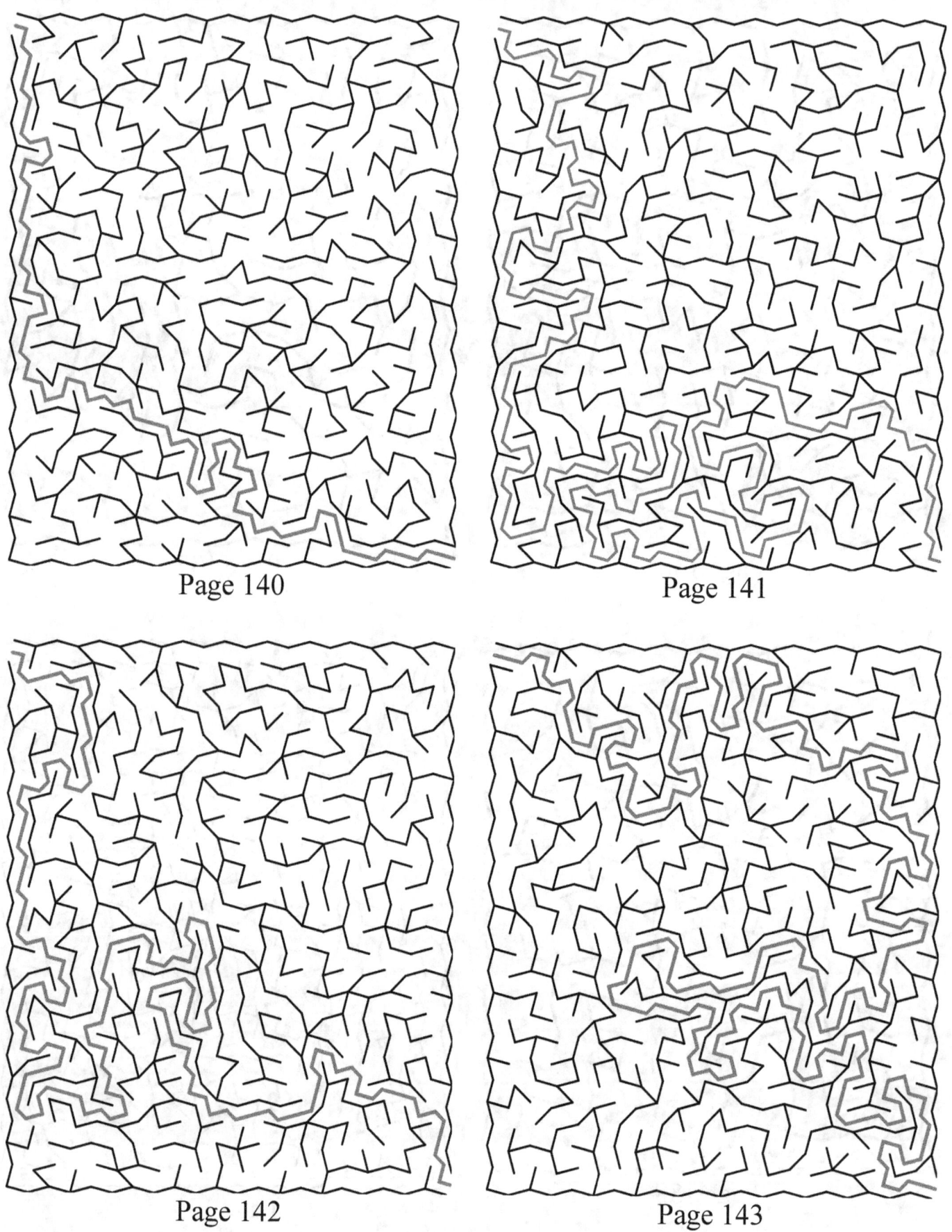

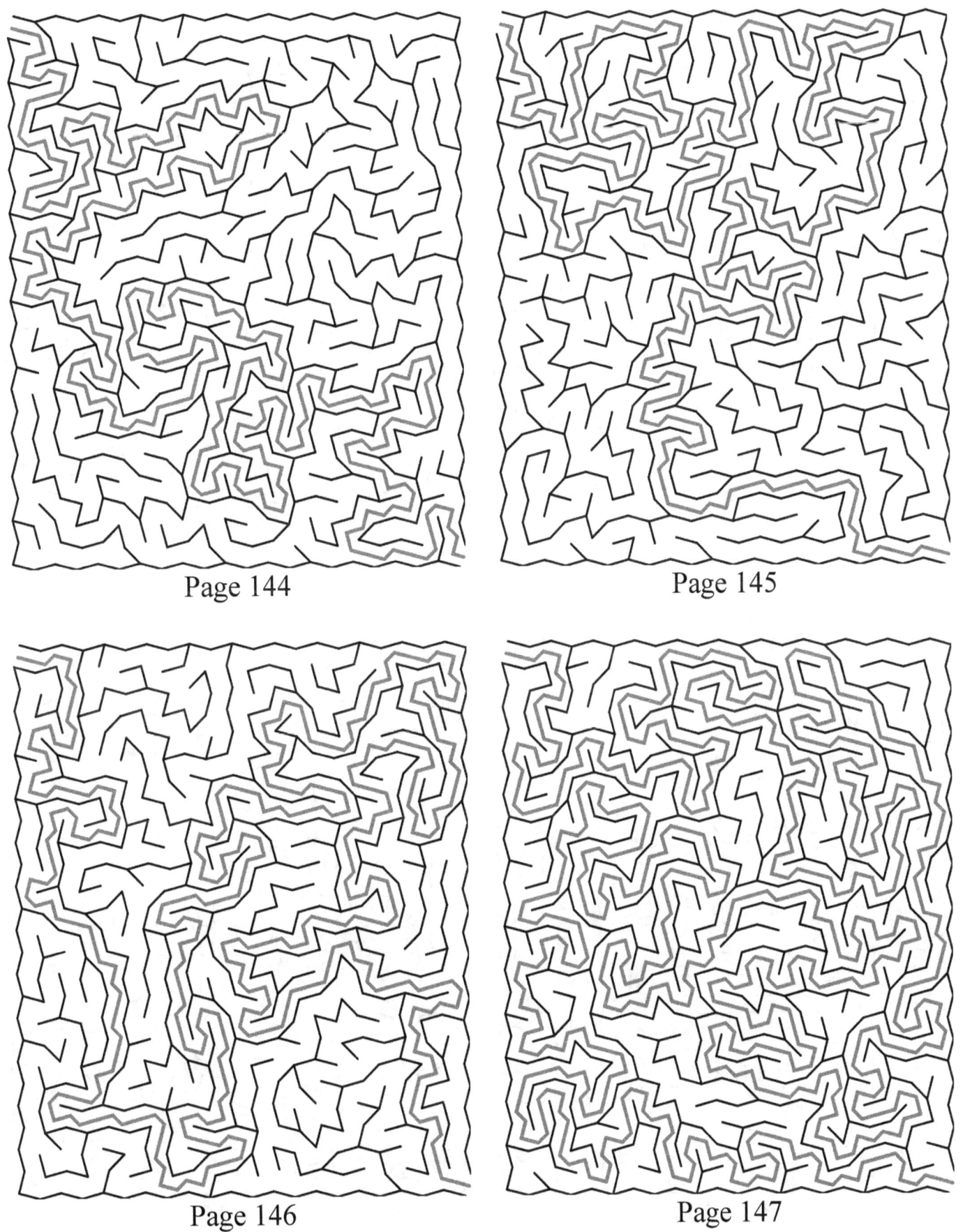

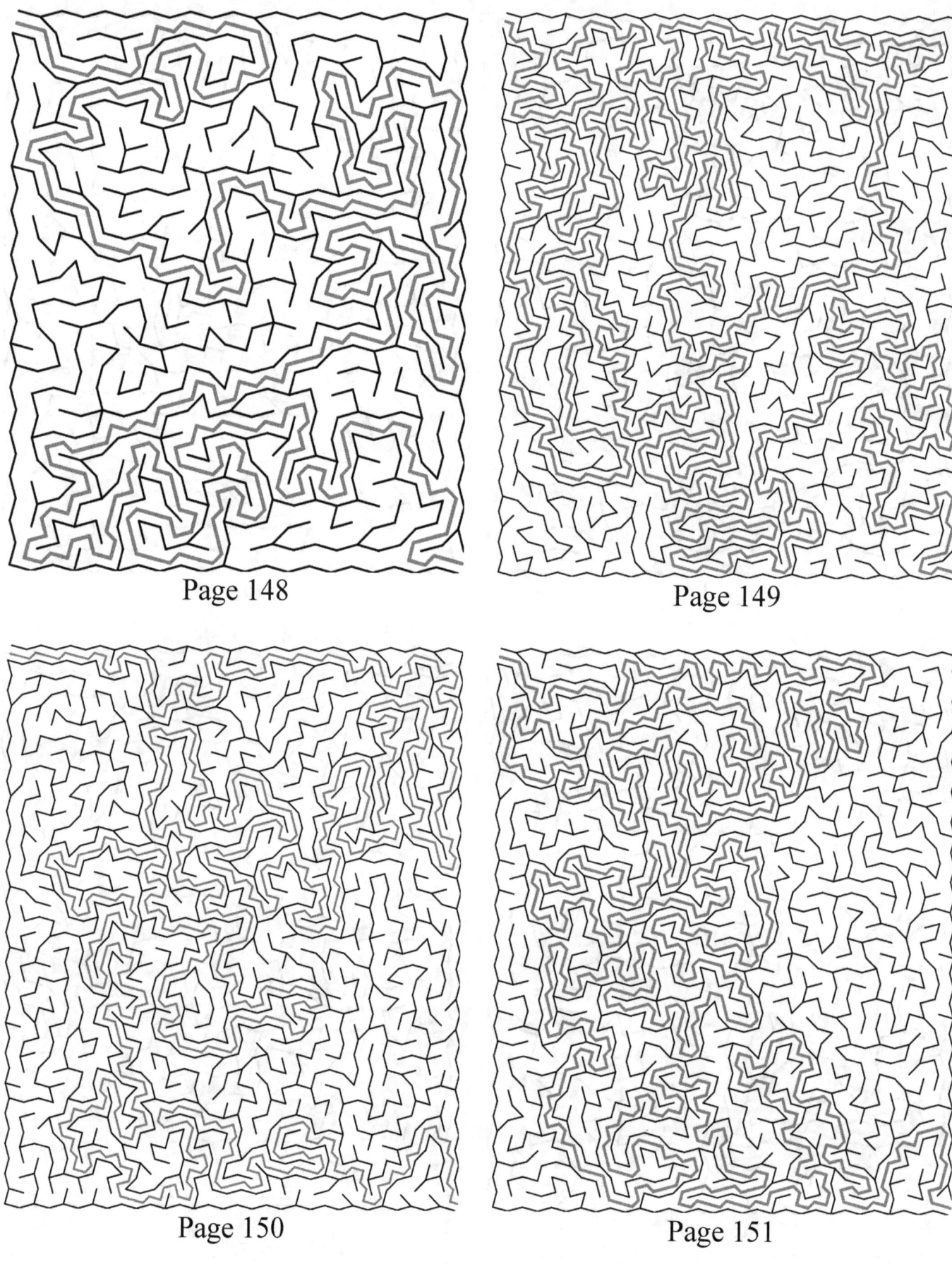

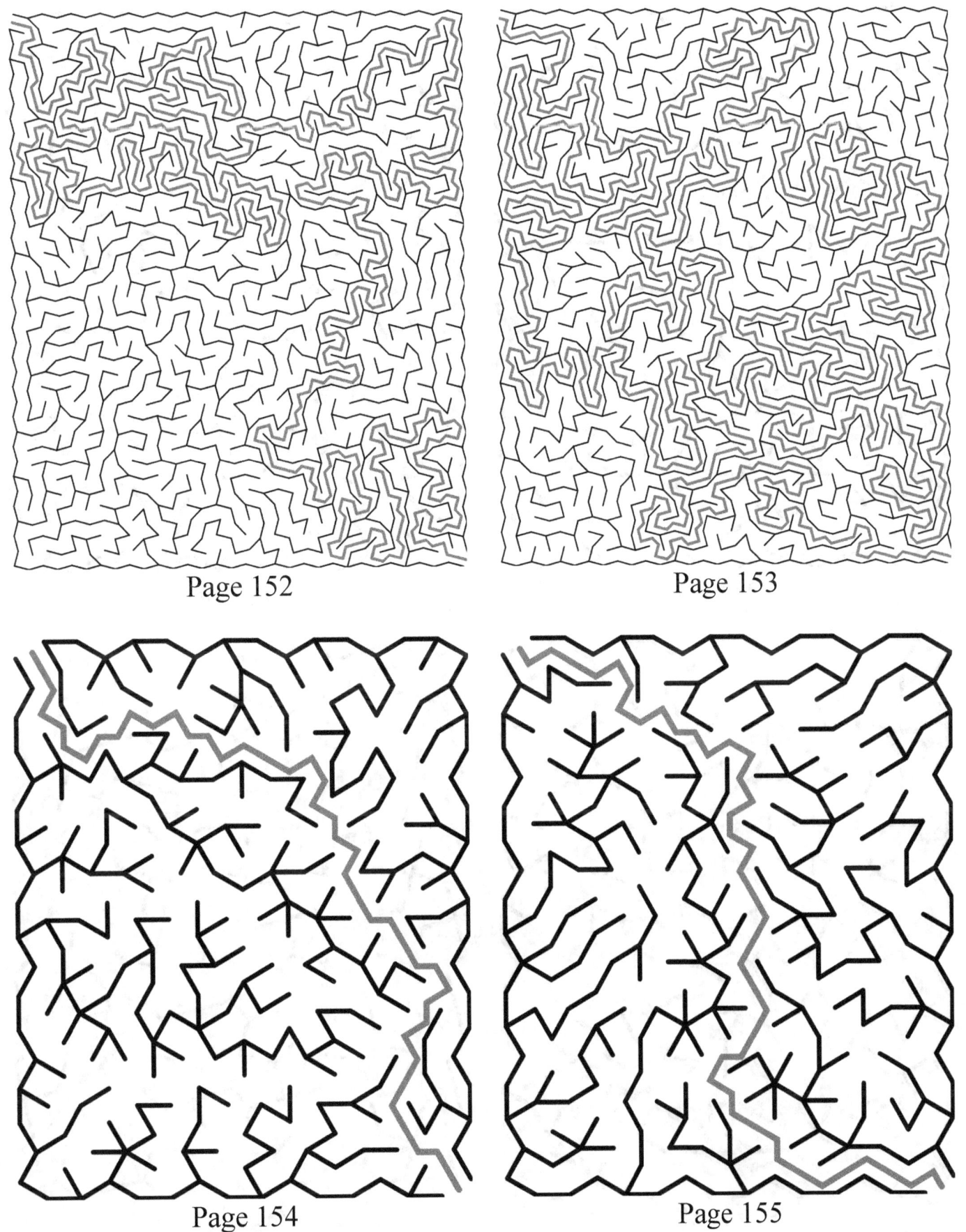

Page 152

Page 153

Page 154

Page 155

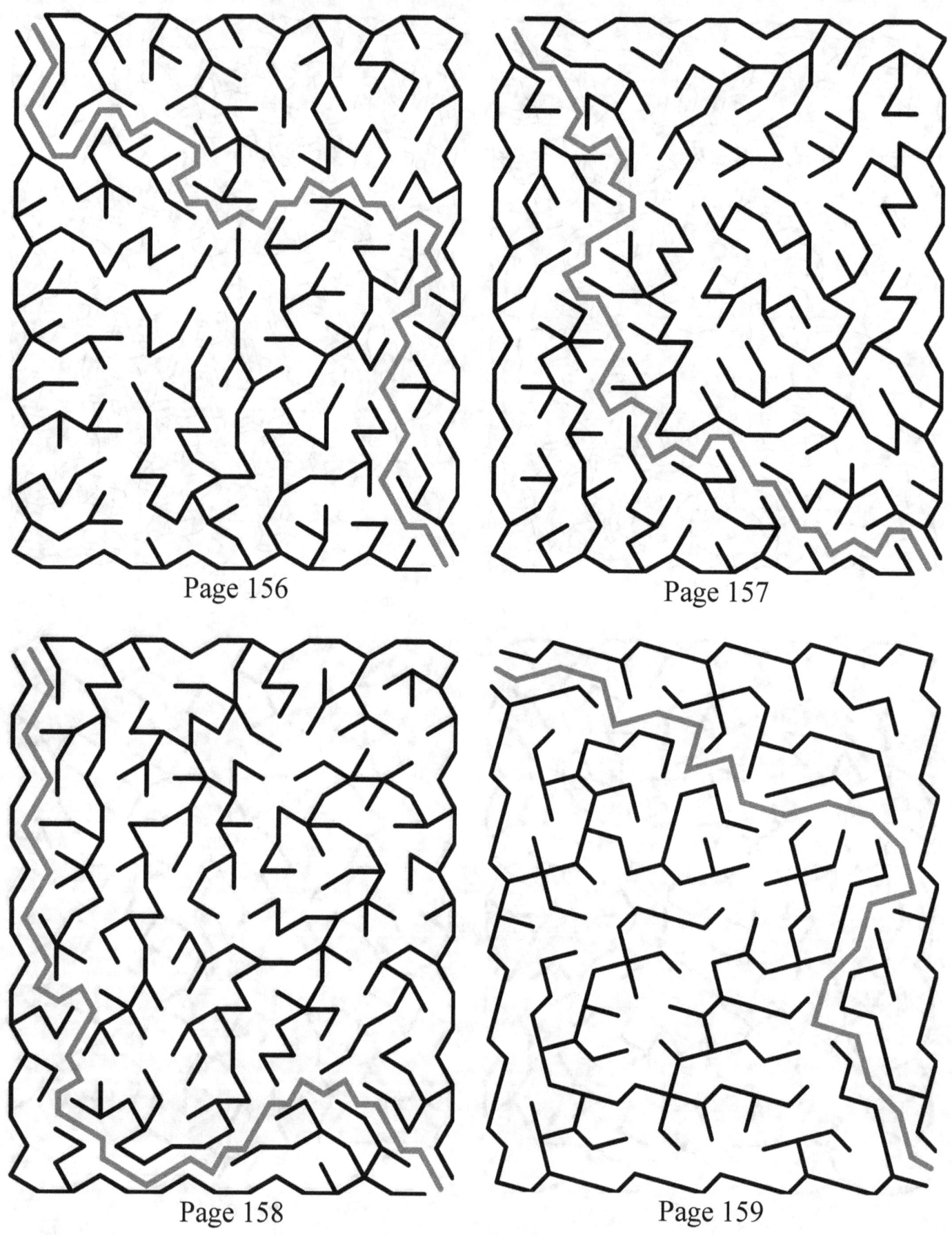

Page 160

Page 161

Page 162

Page 163

Page 164

Page 165

Page 166

Page 167

Page 168

Page 169

Page 170

Page 171

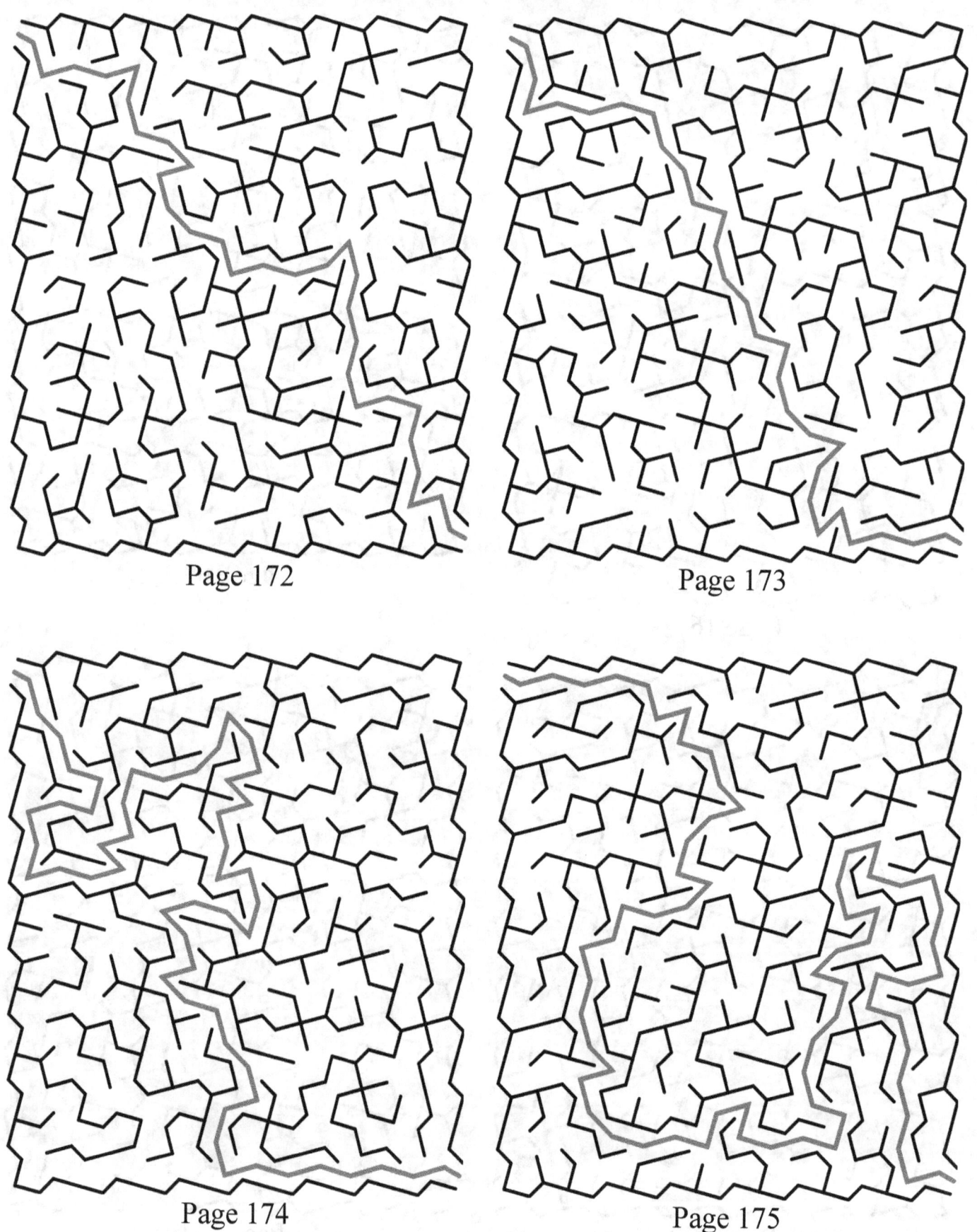

Page 176

Page 177

Page 178

Page 179

Labirintos aos Montes! Copyright 2025 David E. McAdams. 288

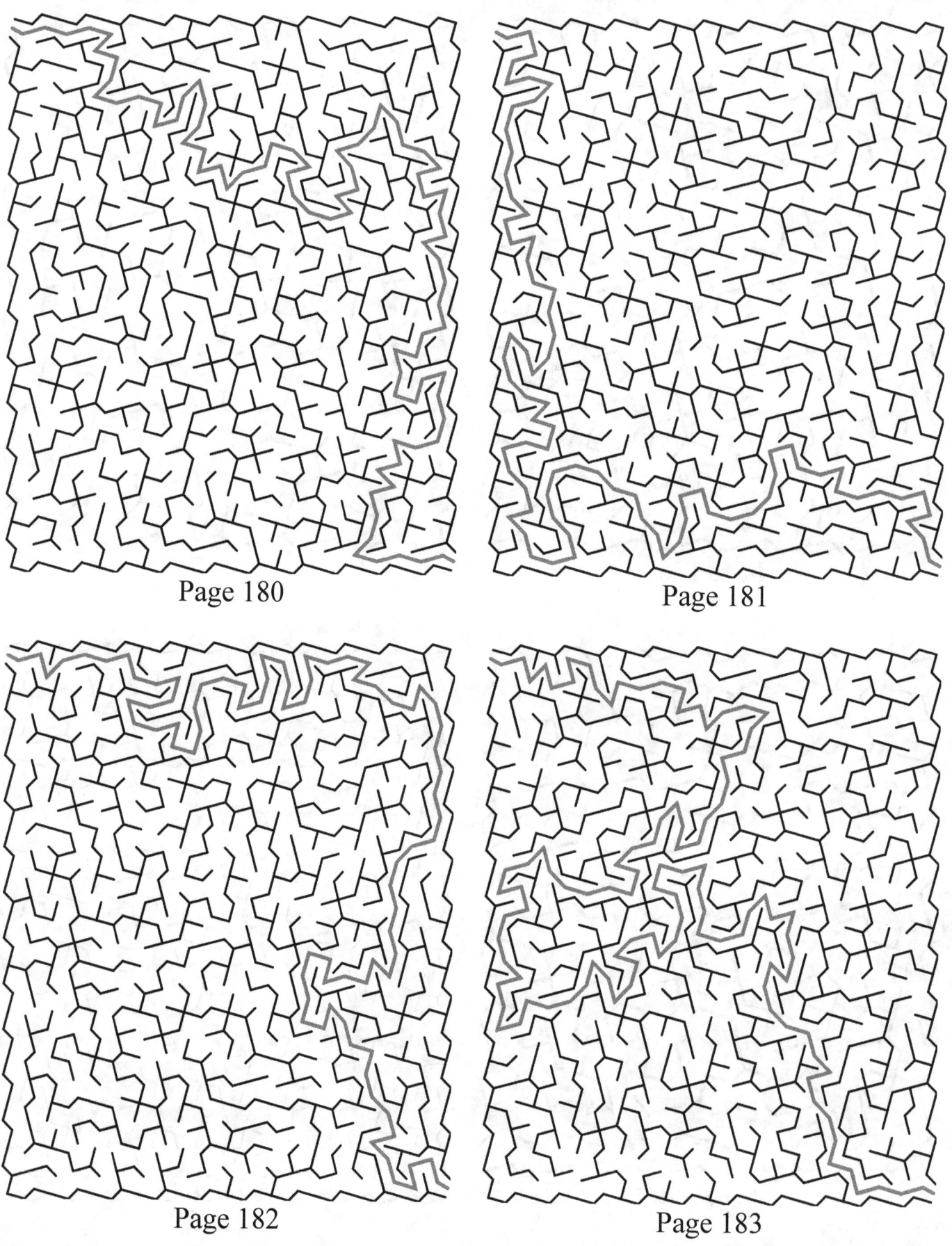

Page 184
Page 185
Page 186
Page 187

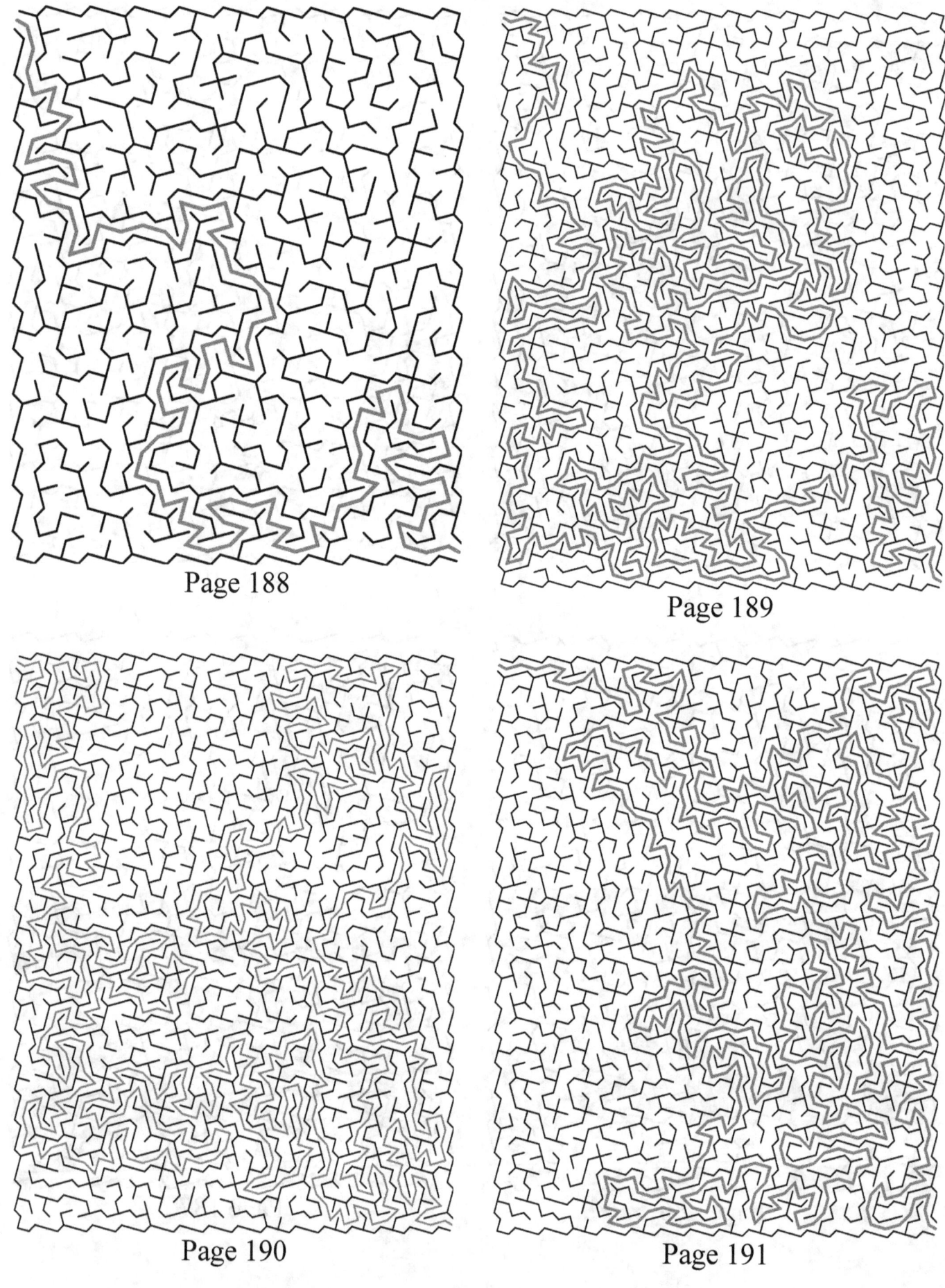

Page 188

Page 189

Page 190

Page 191

Page 192

Page 193

Page 194

Page 195

Labirintos aos Montes!

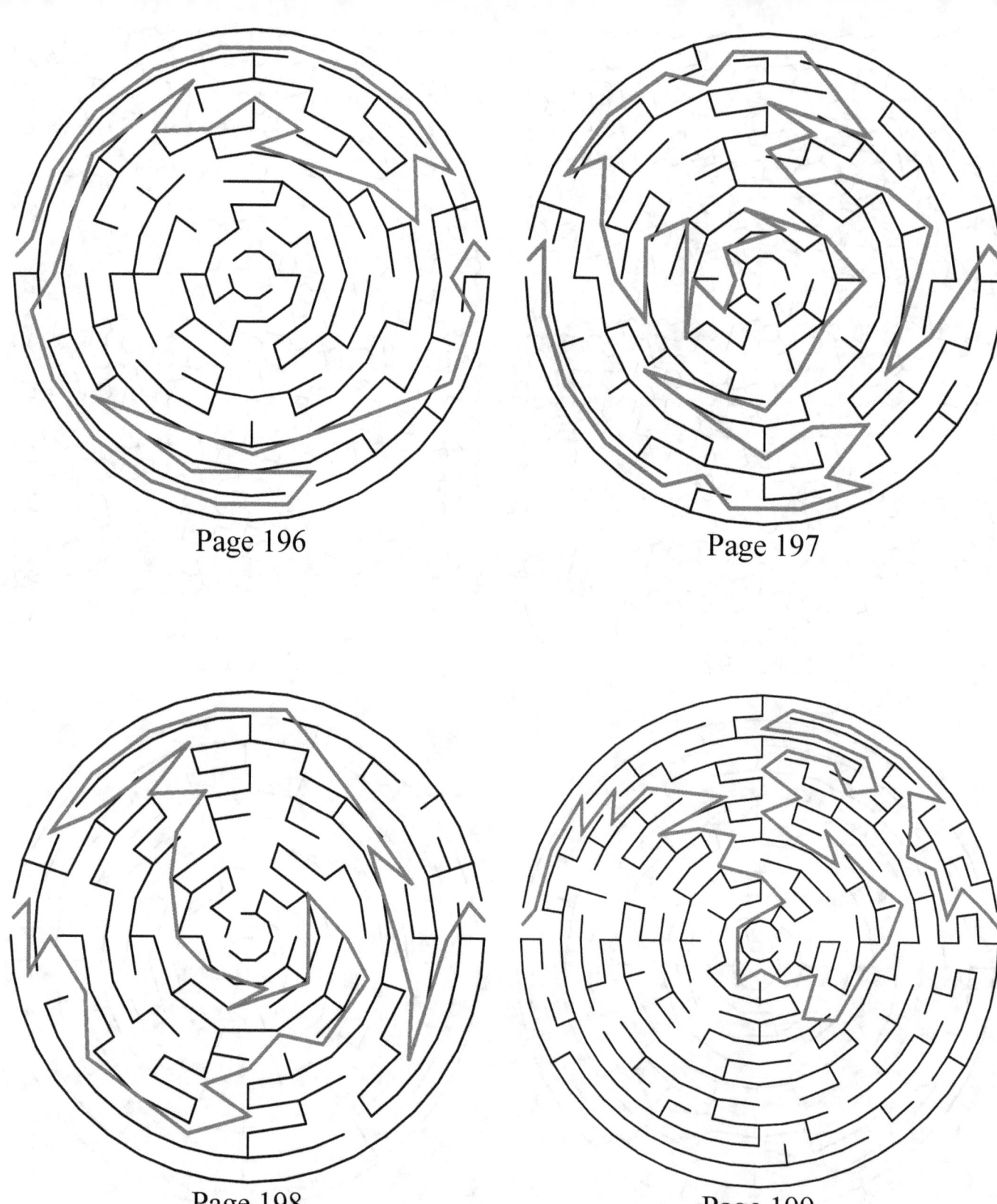

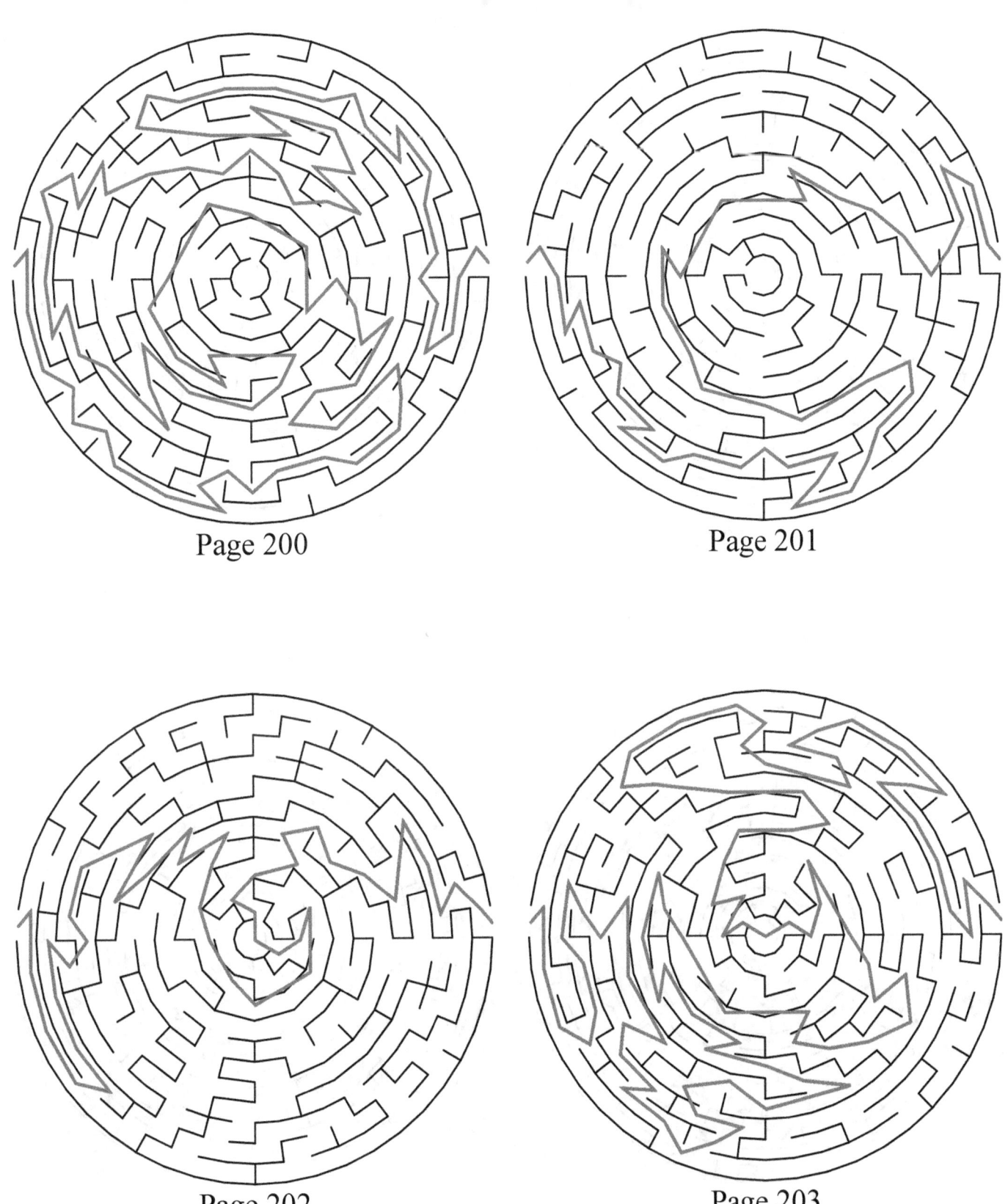

Page 200

Page 201

Page 202

Page 203

Labirintos aos Montes! Copyright 2025 David E. McAdams.

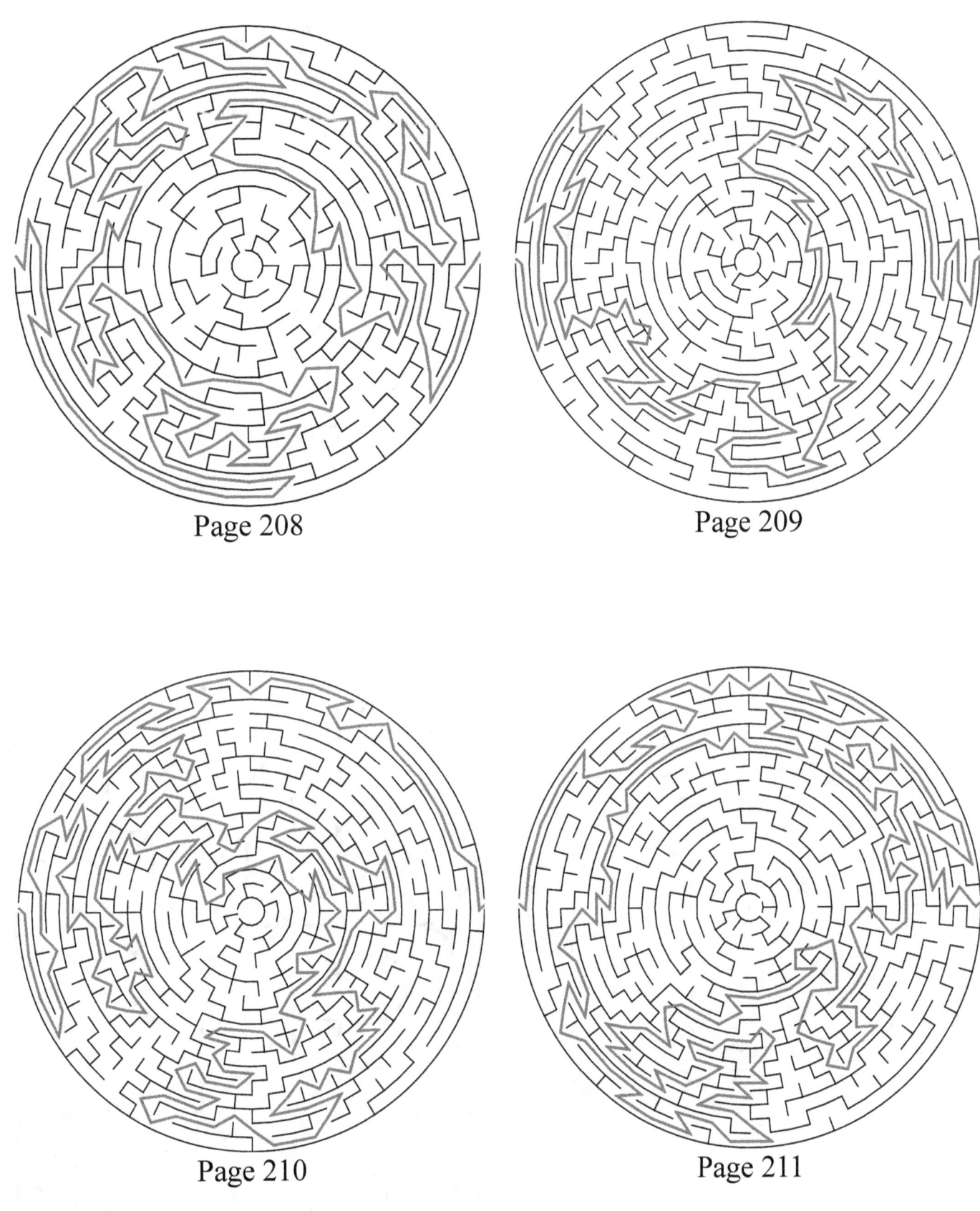

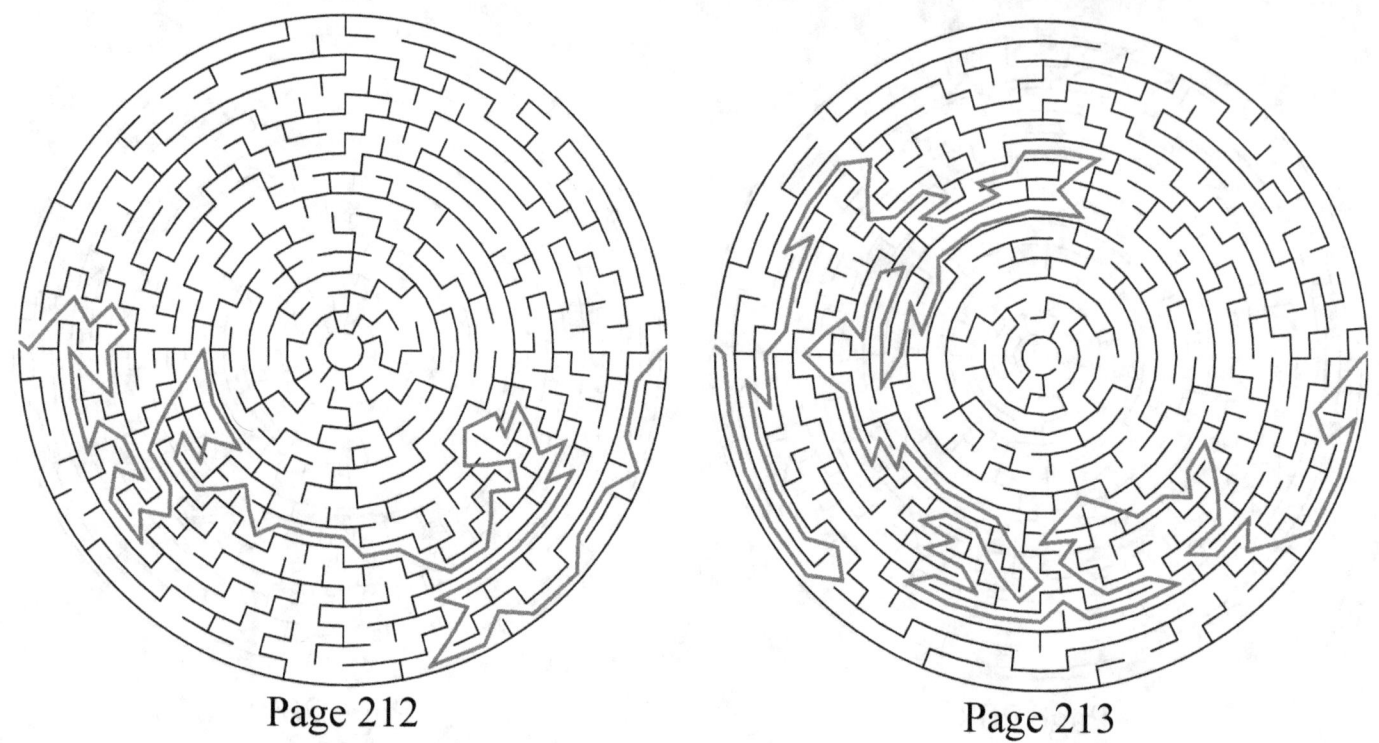

Page 212

Page 213

Page 214

Page 215

Page 224

Page 225

Page 226

Page 227

Labirintos aos Montes!

Page 228

Page 229

Page 230

Page 231

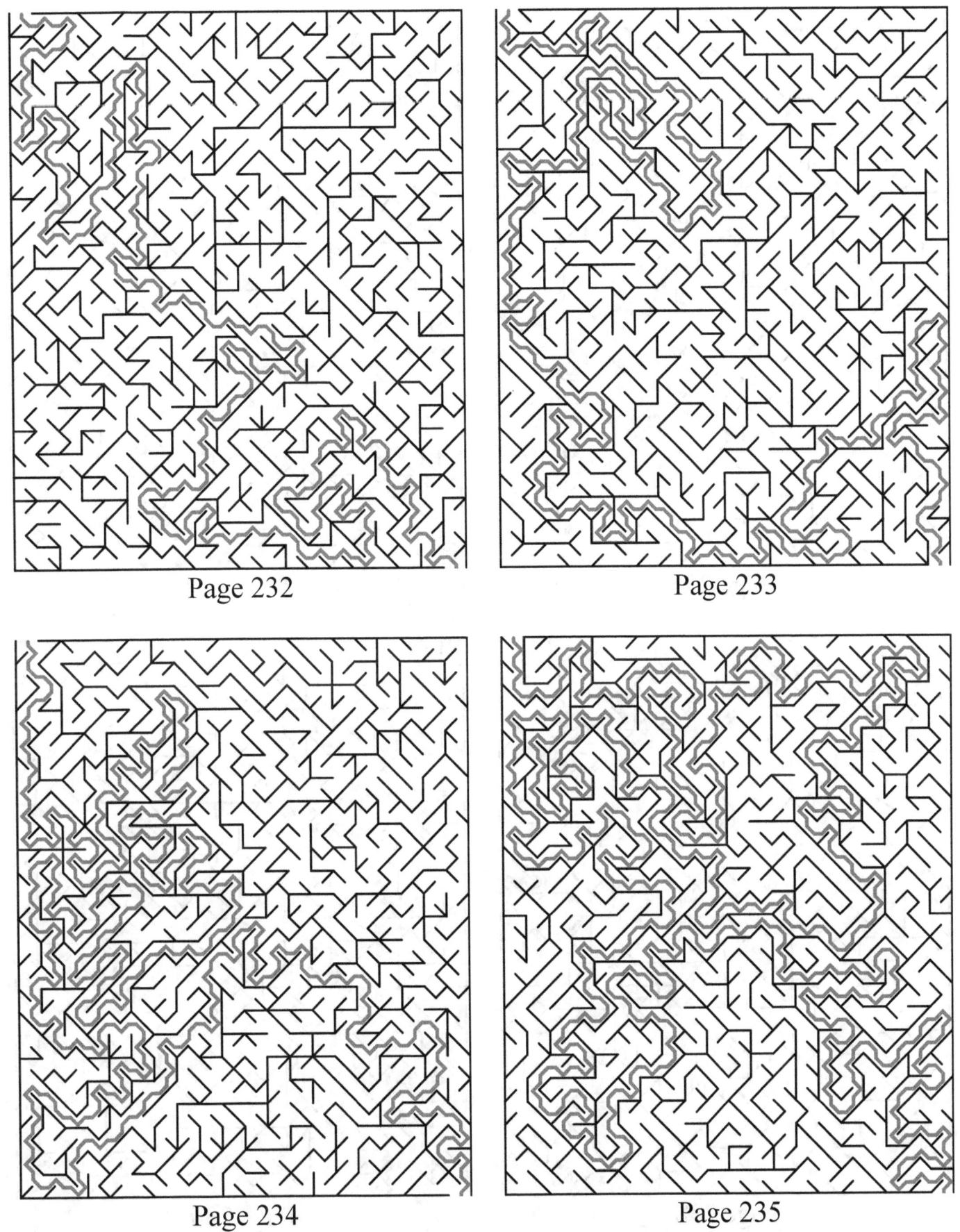

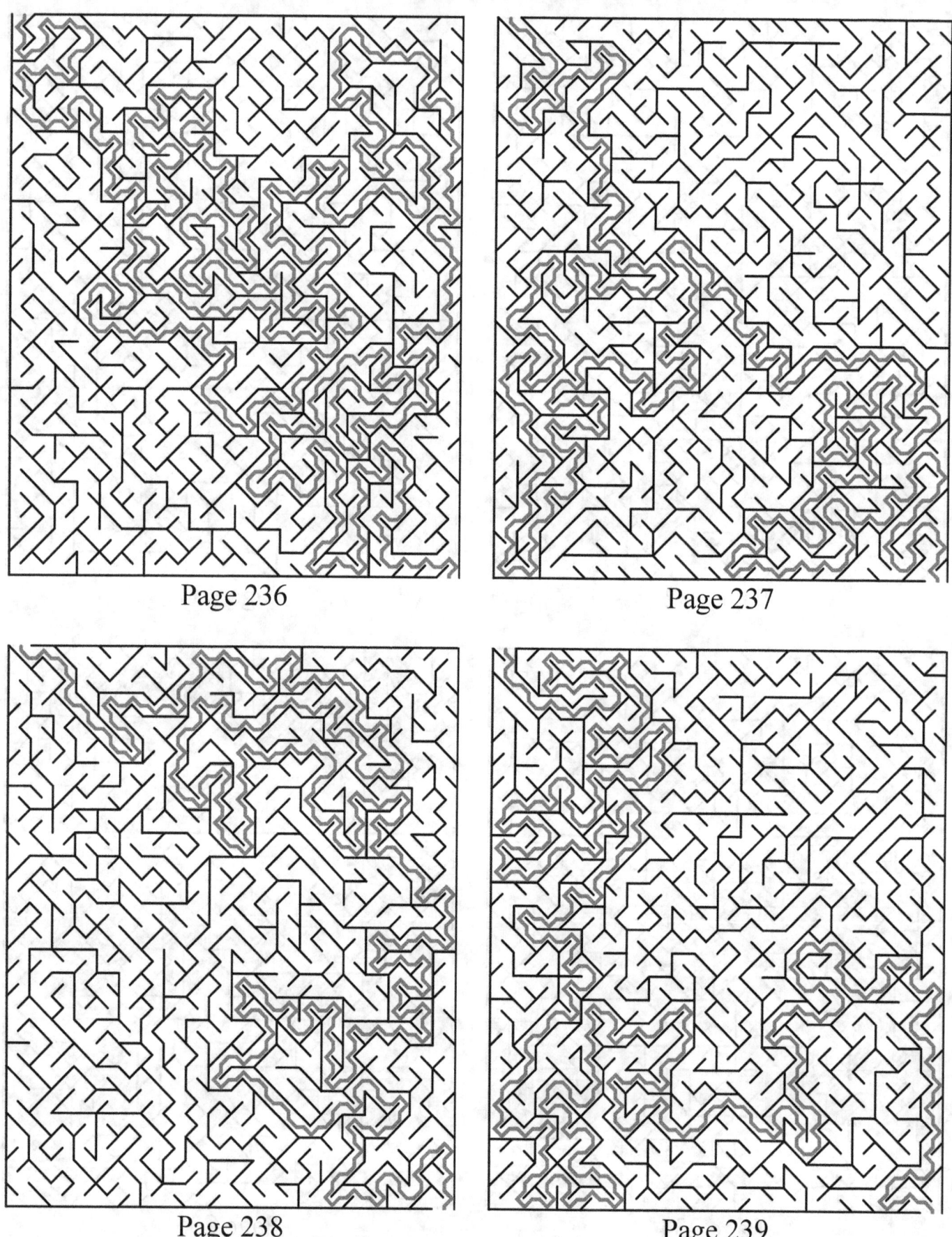

Page 240

Page 241

Page 242

Page 243

Labirintos aos Montes!

Page 244

Title Page

www.ingramcontent.com/pod-product-compliance
Lightning Source LLC
Chambersburg PA
CBHW081505070526
44586CB00019B/2484